武州高尾山の歴史と信仰

外山　徹　著

同成社

目次

武州高尾山の歴史と信仰

序——髙尾山史研究へのアプローチ

この一連の研究が目指す遠いところにある目標は、社会において宗教が果たしていた役割の解明であるが、本書は、主に江戸時代の後期を時期的な対象とし、宗教活動という非常に多岐にわたる営為の中でも、社寺参詣というジャンルについて、主に寺社側の動向から分析を試みようというものである。

現在もなお寺社への参詣活動は社会に一般的であるが、当然、江戸時代のそれからは変化を経たものと看做さなければならない。ところで、江戸時代以前における寺社と人々の関わりは、現在の我々が「宗教」として認識しているものと同一に捉えることができるだろうか。今日、我が国では第二次大戦前の国家神道への反省から政教分離が原則とされ、日本国憲法に保証された信教の自由は、宗教を強制されないという意味から、却って日常生活の中における宗教色を希薄なものにしている感もある。人々は正月の初詣や観光の途次における寺社參拝を宗教的営為とは認識していないだろう。そうした現代的情勢の中においても宗教は形を変えて一定の機能を保持しているとも考えられるが、国家神道よりも前、さらに神仏分離政策以前における我が国在来の宗教活動とはどのようなものだったのだろうか。

本書が主に取り上げる史料が伝来する髙尾山薬王院は、関東地方の西南端、東京都と神奈川県の境界領域に位置する標高五九九メートルの高尾山上に立地する新義真言宗の寺院である。明治初期の神仏分離までは飯縄大権現と薬師如来を本尊とし、その他、さまざまな神仏を祀る髙尾山という霊場の別当寺という立場にあった。元来、多様な神仏を祀る空間を信仰の対象と認識するという意味で、本書は「髙尾山信仰」という表現を用いる。これは、「薬王院信仰」

とはまた別の意味を含んでおり、後者の表現では当時の信仰活動の実相を捉えきれないと考える。また、自然地形としての高尾山と区別する意味で薬王院の山号である「髙尾山」の文字を使用することにしたい。

高尾山は東京都心に程近い緑地帯として、かつては学校の遠足やハイキングの場としてよく知られたが、近年、フランス・ミシュラン社の観光ガイドに取り上げられたことを契機に訪れる人々が増加し、その様子はいささか異様の感もあった。戦国〜安土桃山時代の一六世紀後半には、すでに一定の参詣者を集める存在で、武田氏と北条氏の抗争下に参詣路が途絶えた時期、富士浅間権現が勧請されていたとも伝えられる。その後、一時の荒廃を経て、江戸時代の寛永年間（一六二四〜四四）には再び参詣者の訪れる場となっていたが、一八世紀に入る頃から台頭する成田不動や相模大山不動に対する参詣活動ほどの成長はなかった。しかし、その信仰活動の規模が小さいが故に、さまざまな観点からその全体像を見渡しやすいという利点がある。人々が信仰し、参詣していた寺院や神社とは、その「時代」や「地域」の中においてどのような存在としてあったのか——その全体像を構造的に見渡すという試みに恰好の素材である。

それでは、以下、本書にまとめた研究の具体的なねらいについて章段構成を追いながら述べてみたい。本書は、

第一章　古代・中世から近世初頭の髙尾山
第二章　髙尾山信仰の展開
第三章　髙尾山信仰圏の構造
第四章　護摩札配札と信仰圏の拡張
第五章　講活動と開帳
第六章　名所としての髙尾山像の形成
第七章　髙尾山と巨大都市江戸

　第八章　経済基盤と経営
　第九章　近代への展望
という構成を取る。
　第一章は、本書が、ともかくも創建以来明治の中頃までを通史的に取り上げることを構想していることによるものだが、実際、この時期のことを明らかにし得る一次史料は薬王院文書にはほとんど存在しない。歴史学の方法論上の制約をふまえた髙尾山史の提示のあり方を示せるものと思う。
　第二章は、戦国期以来、史料上明確になってからの信仰活動を通時的に概観し、祭祀される神仏や提示されている利益など、髙尾山内の宗教事情について述べる。
　薬王院文書から明らかにし得る髙尾山信仰の実相の中でも、護摩札配札から信仰の面的な広がりを分析することは主要な課題となり得る。民俗学における研究視点として信仰圏分析はポピュラーであるが、同様の研究で関東南部の事例を見ると、武蔵御嶽山や相模大山を素材に、護符配札を通した御師の檀那場経営に関する研究の蓄積がある。こうした研究は、御師家伝来史料と同様に檀那帳の分析に負うところが大きいが、文化六年「江戸田舎日護摩講中元帳」という薬王院の檀那帳は、筆者の髙尾山史研究の原点ともなった史料である。西多摩と江戸を核に関東西部から甲斐国にかけて広がる配札先を網羅的に書き連ねたこの帳簿は、個別の御師家文書の分析に較べて、より全般的動向の把握が容易であるという利点があった。第三章では髙尾山の信仰圏を巨視的に見た後、まずは髙尾山に近いところからその実態を見るべく、最寄りの村々や八王子宿といった個別の地域との関わりについて触れてゆく。さらに距離をおいての信仰圏形成に関する問題を護摩札配札の分析を通して第四章で扱うが、こと「江戸」に関してはそのボリュームも大きいので別途第七章にスペースを設けている。
　参詣講の活動や居開帳・出開帳は、社寺参詣研究の中でも主要な課題であり、二～四、七章に横断的に関わるテーマでもあるが、第五章はこれらについて一つの独立した章としてまとめた。寺社側の史料を扱うため、講活動を分析する素材はきわめて限定的であるが、開帳については実施主体の側の内実が明らかになることから豊富な成果が得られたものと思う。また、第六章では参詣に付随する要素である山内の諸施設やその名所化について触れた。参詣行が行楽的な色彩を帯びてくるのも事実であり、宗教活動には不可欠とは言い難い要素が加わってくる点などにも留意したい。

第七章は江戸との関わりをひとまとめにした。当時の庶民参詣の隆盛は江戸の存在を抜きには考えられない。また、江戸が政治の主体の在る場所であり、武家の集住地であることからも少なからぬ影響を受けている。これは単純に信仰面ばかりではなく、彼らが支配者の立場にあるという問題にも関わりを持つ。いかに多くの人々の信仰を得ようとも、寺社は徳川幕府の支配政策に組み込まれた存在であり、富士講が取締の対象となったような事例はあるが、支配の原理と矛盾しないが故に活動が継続したものと言える。薬王院文書には幕府の寺社支配に関わる史料も多く、庶民参詣の対象となる寺社が一面でそうした支配システムに組み込まれた存在であった点を検証する素材を持ち合わせている。近年の宗教史研究の動向の中で、支配システムの問題を視野の外に置いた研究手法に対する批判があるが、社寺参詣というジャンルにおいてそれに応える試みとしたい。

第八章は、寺社の「台所事情」とも言うべき部分についてまとめてみた。寺社の経済基盤や経営主体となっている「人」の問題を扱う。筆者の研究は基本的に江戸期の史料に負うもので、近代以降の高尾山史については未解読の史料も多く、改めての取組みが必要とはなるが、管見の限りにおいて近代を見通しておきたいと考え、第九章では明治初期の神仏分離政策への対応、明治中期までの動向を取り上げてみた。この時代については、別の角度から分析し得る史料が薬王院文書の中にまだまだ大量に存在することを付け加えておきたい。

第一章　古代・中世から近世初頭の髙尾山

一　「髙尾山縁起」に記された時代

行基による開基が天平一六年（七四四）、俊源による中興が永和元年（一三七五）と言っても、人々の崇拝対象としてのその具体的な姿が明らかになってくるのは、かなり時代が下ってのことになる。写本や編纂物ではない、現用の文書などの一次史料がまとまって残るようになるのは、一五〇〇年代後半を待たねばならない。住持の法流継承に関わる文書に七世源智から源実（八世）・源恵（九世）へ授けた印信があり[1]、弘治三年（一五五七）の年次が確認されるが、この頃からの法流継承に関わる史料は同時代のものと評価されている[2]。

それ以前のいわゆる開基・中興について触れた史料について薬王院文書を精査すると、天正五年（一五七七）付の源実から源恵へ授けた印信に添えられた血脈[3]には「有喜寺開山」として「俊源僧都」の名が見え、管見の内では俊源の名が記された最も古い文書となる。

髙尾山の寺史に関する記事を含む史料として、古い時期のものに髙尾山八世源実の筆による薬師堂修造の勧進案がある[4]。年欠の史料であるが、時期は一六世紀後半から一七世紀初頭と推定される。同じく勧進として十世堯秀による現存の寛永古鐘の再興に関わるもの、その鐘の銘文の中にも多少寺史に触れた部分があるが[5]、髙尾山の来歴について記した由緒・縁起と言えるものは、『新編武蔵風土記稿』等に収録された寛延三年（一七五〇）の年次をもつ、いわわゆる寛延縁起である。古代・中世の具体的な髙尾山像は、あくまでこの後世作成の縁起にしかないのであるが、まずはそれについて検討を加えつつ、寺史の概観としてみたい。

この寛延縁起は、髙尾山の開基、中興、地勢・風光、諸堂宇、徳川将軍家との関わりなどに触れたもので、文中に、筑波の人石嶋仲縁正猗が作文し、江戸の森穉生が書写した文字を石碑に刻んだと謳われている。原文は漢文であるが、以下、冒頭部分から読み下しを掲げながら見てみたい。

行基による開基伝承

聖武帝の十六年。甲申。行基大士。肇《はじ》めて武蔵国髙尾山を闢《ひら》く。医王像を手刻して之を奉ず。寺に名づけて有喜と曰《い》う。院に名づけて薬王と曰《い》う。尓後荒廃。多く年所を歴《へ》たり。

奈良の大仏建立で知られる聖武天皇即位から一六年。すなわち天平一六年（七四四）が髙尾山草創の時期とされている。縁起が作成された寛延三年からは約千年の昔。それ以前の史料に具体的な創建年次の記載はなく、ここに初めてそれが明示されたことになる。

医王――すなわち、薬師如来を手ずから刻んで祀ったのが寺院としての創始ということで、以来、現在に至るまで薬師如来は髙尾山の本尊として祀られることになる。薬王院の院号、有喜寺という寺号が創建当初からのものかというと、江戸時代前期までは院号・寺号が併記される事例がなく、上方本寺との法流上の関係が整理される過程で定着したものという見解もある(6)。

開基の年次についての真偽の詮索は意味をなさないが、なぜ、この時期が創建の時期に比定されたかについては一考の余地があろう。天平一六年というのは、聖武天皇が大仏建立を発願した翌年にあたり、諸国で国分寺の建設が進んだ時代である。行基が大仏建立の資金の勧進を担ったことはよく知られるところだが、行基は生涯に多くの寺院を建立した人物であり、その開基を伝える寺院は全国に分布する。当該期が我が国における仏法興隆の一つの画期として認識されていたということが指摘でき、行基自身は土木工事や施行など社会事業に尽くした、言わば「在野の」「民の間に身を置く」僧侶であったことが、畿内近国ではなく関東という、当時においては地方に立地する寺院の創始者としてふさわしい存在と認識されたということだろうか。

醍醐寺俊源の来山

後円融帝の五年。震沙門俊源なる者。何処の人なるを知らず。高尾に来游し以て名嶽と為《な》す也《なり》。始め方丈を立て、茅・茨を以て経像を庇《おお》う。俊源は京に於いて醍醐俊盛法印に法を受く。遂に今迄《まで》。累世其の法を継ぐと云う。

後円融天皇の即位から五ヶ年目は永和元年（一三七五）のこと。行基の開山から六三一年の歳月が流れたことになる。その間、関東では平将門の乱があり、鎌倉幕府の成立があり、南北朝の動乱も冷めやらぬ頃のことになる。鎌倉から北上し分倍河原のあたりを通って北に抜ける鎌倉街道は、新田義貞の鎌倉への進撃路としてよく知られるが、そこからさらに西方に位置する高尾山にやってきたのが、沙門とは出家者のこと、俊源という人物であった。「方丈」とは一丈四方の意で、主に禅宗寺院の長者・住持の居所を指すが、小さな堂あるいは庵の意ととれる。一丈は約三メートル、畳六枚弱という広さになる。

俊源は醍醐寺の俊盛に師事し、その法流が現在まで継承されている、ということだが、醍醐寺は平安時代の貞観一六年（八七四）、聖宝による開基。山城国の南東、笠取山上に創建され（上醍醐）、後に醍醐天皇の御願寺となったことを契機に興隆し、山麓の下醍醐の地には壮大な伽藍が整備された。室町期に入る頃には修験者を結集し、当山派と呼ばれる組織を確立、天台系の本山派（本山聖護院）と並び立つ修験の本山としての地位を築いていた。鎌倉時代は、武家政権の膝元に禅宗をはじめ新しい宗派が台頭し、極楽往生を説く浄土教は庶民層に浸透する過程で新たな宗派を生み出した。それに対する旧勢力とも言える真言・天台の両宗派も東国への教線拡張を志向し、鎌倉時代の末から室町時代にかけ、醍醐寺の関係では、特に三宝院流の寺院が積極的に関東の拠点寺院に僧侶を派遣し、あるいは新たに寺院を創建した。これが、後々関東に報恩院流・意教流の寺院が多く分布する基となっている(7)。

俊源の師俊盛は醍醐無量寿院流の正嫡で、その弟子僧の内に関東に下向した者があることが判っている。無量寿院は、三宝院元海が創設した院家で、その庶流ということになるが、元海の弟子の内、実運が三宝院流を継承し、無量寿院を継いだ一海から俊賀—俊豪—俊盛と相承されている。俊源自身の素性は詳らかではないが、この時期、多くの僧侶が新たな修行の地を求めて東国に下向していった流れの中に理解できる。当時、関東では鎌倉が政治の府であり、髙尾山のある西多摩の地はまだまだ関東平野における周縁の地であった。

飯縄大権現の感得

相伝う、俊源は勇猛精進。能《よ》く祷《いのり》事を奉ずと。其《そ》の浴所は東澗中に在り。称して霊泉となす。嘗《かつ》て十万枚の護摩を修す。心疲れ仮寝す。夢に人面にして鴟喙。蒼虵を冠り。竺服を衣《き》。背に焔火を出し。腋《わき》に両翼を張り。剣を擁し白狐に跨《またが》る。之《これ》に謂《い》いて曰く。余は阿遮羅明王為《た》り。叔世辟多し。諸魔寔《まこと》に繁く徒《いたずら》に為す。余震雷して馮《ひょう》し将《まさ》に之《これ》を降伏す。故に此《この》奇変を現ず。是を飯縄神と曰う。女（＝汝）当《まさ》に禋祀《いんし》すべし。

「精進」とは仏教用語として「一心に仏道を修めつとめること」の意味があり、また、漢籍に「勇猛に善法を修して悪法を断ずる心の作用」という用例があるが(8)、深山における孤独の中で、脇目も振らず修行に専心する俊源の姿が思い浮かぶ。「浴」とは水行と解釈する事例もあるが、その場所は、「澗」とは谷水の意味、すなわち山の東側の谷にあったという。

ある日、十万枚の護摩修法を終えた俊源は疲れを感じて寝入ってしまうが、その夢枕に人の顔をしながらも、「鵄喙」、すなわち鳥のようなくちばしを持ち、頭上に「蒼虵」、すなわち蛇を冠し、竺服を着た何者かが現れたという。「竺」とは「天竺」という名が知られる通りインドのことを言うが、同時にそこから発した宗教である「仏教の」という意味があって、「竺服」とは法衣ととれる。現存する御影からすると釈迦が着した装束という意味かも知れない。背には火炎を背負い、背中の両翼が腋から見え、剣を握って白狐にまたがっていたという。「阿遮羅」＝アーシャラとは梵語で不動明王のこと。「叔世」とは末世のこと、「辟」とは「邪」の意味。末世とは仏法の衰退期を示す言い方であるが、確かに俊源が髙尾に来山した時代は、南北朝の動乱も冷めやらぬ頃、皇統すら分裂するなど世の秩序の乱れた未曾有の荒廃と混乱の時代という認識とはなろう。「憑」とは神が巫女に憑依するなどの表現に通じ、託宣を授けるという意味もある。お告げの主は俊源に対して語っているので、この解釈もよいのだが、一方、「憑＝怒」という用例もある。この場合、世の乱れに怒り、これら跋扈する悪魔・悪霊を「降伏」、すなわち調伏するという解釈となる。「奇変を現ず」とは本来の不動明王の姿ではなく「飯縄神」に姿を変えて現れたということを指すが、不動明王、迦《か》楼羅天《るらてん》、托枳尼天《だきにてん》、歓喜天、宇賀神（弁財天）の五相合体と言われる御影は、まさに異形という表現がふさわしい姿には違いない。仏が姿を変じて神として示現するということは、「本地垂迹《すいじゃく》説」という教説によるもので、日本では一〇世紀頃から影響力を持つようになった。すなわち、本地である仏が仮の姿で現れる（垂迹）という意味だが、権現の「権」とは「代わりの」あるいは「一時的な」という意味を有する。すなわち、飯縄大権現の権現とは、仏が「仮の姿で現れている」神という意味である。仏法が衰微していたずらに諸魔が跳梁するという——末世であるがゆえに、このような威力ある神の示現が必要であったという筋立てとなる。「禋祀」とは潔斎して祀るという意味である。

且《しばら》くして自ら其像を刻せんと欲す。思ふて未だ得ず。一夕、異人来りて曰く。我、之を能くす。乃《すなわ》ち山西の窮谷巌石の間に於いて廬《いおり》し、人の之を覘《うかが》うを許さず。七日、始めて成す。其像則《すなわ》ち夢みし所の如し。威霊赫々《かくかく》。見る者毛起し。正視を得ず。異人また去る所を知らず。乃ち祠を建ててここに安んず。土人、俊源の祈り禳《はら》う所に椅《よ》り、祉《し》を得ざる者なし。異人の廬、その跡猶《なお》存す。今、炊谷《かしぎだに》と曰う也。

やがて、俊源は夢に見た飯縄大権現の姿を彫刻しようと思い立つが、自らそれを彫像とすることは困難なことだった。ところが、ある夕べ、異人がやって来て、自分にはそれが可能であることを告げ、山の西方にある峡谷の岩の狭間に籠もる。
「異人」とは普通にとると外国人の意味だが、ここではどのように解釈すべきだろうか。縁起が作成された江戸時代中期、あるいは縁起の想定する室町時代の当時としても、最も可能性のあるところでは中国人か朝鮮人ということになるが、武蔵国西部は古代には朝鮮系の渡来人が移住した場所としても知られる。それ以上の詮索は無駄だが、ここではむしろ、常人とは違ったイメージを持たせる作者の意図であったとしておきたい。「廬」とは仮住まいをするという意味。異人は自らが像を刻む姿を決して他人に見せなかったという。七日の後、像は完成し、その姿は見る者は毛起す、すなわち恐れて身の毛がよだつような気持ちとなり、とても正視していることに堪えられなかったという。異人の所為が、まさに常人離れしていたものであったことを強調している。

飯縄大権現の像は山中の祠に祀られ、「土人」とは江戸時代にはよく用いられていた用語で、その土地の人々を意味する。「祉」とは神より授かる幸福という意味。よって、近隣の住人が俊源の祈祷により権現の利益を得ない者はなかったという意味となる。異人が籠もった居所の跡は今なお残り、そこを「炊谷」と言うということだが、『新編武蔵風土記稿』にもこの名が見え、「寺の裏門より西へ二町余をへだて丶、左の傍にあり」と位置が記されている。

法流の継承と飯縄信仰に対する認識

縁起の内容は、俊源以降の法流継承に及ぶ。

俊源既に化す。二世は源広と曰う。三世は源尊と曰う。四世は智圓と曰う。五世は慶圓と曰う。六世は慶尊と曰う。七世は源智と曰う。八世は源実と曰う。九世は源恵と曰う。十世は堯秀と曰ふ。堯秀、法を奉ずること甚だ厚し。西醍醐に往き。堯圓僧正に師事す。堯圓は即ち俊盛十世の法孫なり。始め堯秀を見。其の敬信に深きを愛し、授くるに密法の諸書曁《およ》び法器八を以《もっ》てす。其の器各々銘あり。乃ち受けて旋《めぐ》り。具《とも》に鎮蔵し以て今に至る。

俊源遷化の後の歴代山主の名が記される。薬王院文書に残存する法流継承関係の文書にその名が散見されるようになるのは七世源智、八世源実、九世源恵の頃となり、源智から源実に宛てた印信（秘法伝授の証）、さらに源実から源恵に宛てた印信の文面が残る一方、源智から直接源恵に宛てた印信、また、源智から両名へ宛てた印信があり、源実・源恵は兄弟弟子であったことがうかがえる。これらの印信は、薬王院を道場として授けられており、当時、醍醐派の布教拠点として一定の認証を受けていたことが推測される。これらの印信の時期は弘治三年から天正一八年（一五五七～一五九〇年）の間で、小田原後北条氏の勢力が多摩地方に入ったとされる年から、豊臣秀吉によって滅ぼされるまでの期間にピタリと符合する。

十世堯秀については記述がやや詳細となる。堯圓から堯秀に宛てた印信も薬王院文書に残るが、この法流の継承については醍醐寺文書からも裏付けられ、元和七年（一六二一）二月一四日、醍醐寺田中坊において付法がおこなわれた記録が残る(9)。また、十世堯秀は寛永古鐘の勧進をおこなった人物であり、寛永期（一六二四～四四）の再興を担った人物だった。俊源の師である俊盛から十代後の無量寿院正嫡である堯圓が「其の敬信に深きを愛し」と見初めたように、歴代の山主の中でも特筆すべき人物であったことがわかる。
堯秀が秘法を伝授されるにあたり、聖教や法器を授けられたのは、醍醐寺の記録にも「秘密道具所望」と見える。[10]「法器八を以てす」、すなわち伝法の道具を所持するということは、以降、高尾山を道場とする伝法が公式に認められたことを意味するが、ここで改めて堯秀がこれらの道具を持ち帰ったことは、中世～近世における寺史に大きな意味をもつ。

十一世は祐清と曰う。十二世は堯永と曰う。十三世は賢俊と曰う。十四世は秀永と曰う。十五世は賢秀と曰う。十六世は秀憲と曰う。即ち今の刹主なり。奕《えき》世相承け。徳業を纂修す。俊源主繇《よ》り。源恵紀の高野に籍す。堯秀の後。秋の長谷若しくは京の智積に籍す。

十一世の名は法流の継承上、また異なった展開があったことを示唆している。祐清は長谷寺小池坊良誉から同寺を道場に印可を受けている。法流の入り混じりは九世源恵からも始まり、慶長五年（一六〇〇）付で高野山阿光坊忠実から印可を受けている。源恵は源実から高尾山にて法流を継承しているが、一〇世堯秀との間には断絶がある。堯秀は醍醐寺の堯圓から印可を受けており、同時に高尾山に道場を再興したことは先述の通りである。堯秀は第二の中興を果たした人物とも言えるが、この断絶は、近世初頭における高尾山の荒廃に起因すると考えられる。この経緯は後述するが、この寛延の縁起では全く触れられていない。
祐清は長谷寺で印可を受けたとは言え、承応二年（一六五三）付の印信に付された祐清に至る血脈には、「俊盛」「俊海」「堯圓」の名が見え、醍醐との関わりは明確にされている。縁起は智山（智積院）・豊山（長谷寺）の入り交じりについて述べており、醍醐の法流に付属しつつも、智山・豊山両山に修学した事実があるようで、江戸前期における本末関係の複線化を示している。宝永・正徳年間（一七〇四～一七一六）の新義真言宗智積院・豊山両山入り交じりによる本末関係の一代交代寺院の中に、髙尾山薬王院が存在するという指摘があるが[11]、時期に多少のずれがあるものの縁起の文面に整合する。

十二世堯永は、その名からも、堯圓→堯秀という醍醐の法流を継ぐ者と見ることができるが、堯永から以降秀憲までの間は代々の印信が残り、醍醐の法流が継承される体制となったことがわかる。元禄五年（一六九二）の血脈は寛延縁起にある通りの系譜が整っている[12]。「奕世」とは「代々」の意味、「徳業」とは「特行」とも記し、一般的には「立派なおこない」「徳ある行い」の意味となるが、十六世秀憲による縁起の作成を述べている。

其れ飯縄神を祀る。また俊源に始まり。源恵主に盛んなり。其の神に鞭笞《べんち》し。以て尚《くわ》ふるなし。堯秀以還、唯《ただ》承けて醍醐の法を守り。与《とも》に医王を尊崇するのみ也。飯縄の法を伝ふと雖《いえど》。敢《あえ》て其業に宿《とど》めず。歳時、祭るに其物を以てし。亦《また》敬して之に遠ざかる。然《しか》して威霊坻伏《しふく》せず。日に益々新なり。故に東都の公卿・大夫・士・庶より。鄰国民人に及び。玉帛銭幣を愛《お》しまず。来りて大命を請《こ》ふ者。旦・暮、塗《みち》においで相属《つづ》く。今を隆となす也。

つづいて、縁起は飯縄大権現の祭祀について述べる。「鞭笞」は鞭打つ、厳しい戒めの言葉などの意味だが、一心に崇敬するというような意味と理解しておこう。「尚ふる」は「尊ぶ」「高みに置く」の意味で、飯縄大権現を最上の位置に崇拝したということか。

俊源の感得以来飯縄大権現を祀ってきたというのが寛延縁起の基本的スタンスであるが、高野山の系譜に連なる源恵の代にはそれが盛んだったものが、堯秀以来、醍醐の法流によって薬師如来の祭祀が中心になったと解釈されている。飯縄大権現の祭祀に関わる秘法は継承されていたものの、「敬して之に遠ざかる」状況が続き、「宿」とは「とどめる」「すすめる」の意味で、「それとしなかった」という文意となる。ところが、戦国期の後北条氏崇敬の時代において薬師如来が髙尾山の本尊として認識されていたことは明確で、実態としては堯秀の時代から、と言うよりは、それよりはしばらく前から髙尾山は薬師の山であった。ここにも、九世源恵と一〇世堯秀の断絶感が見られる。

九世源恵の時代というのは髙尾山にとってよくわからない時代であると言え、その前の八世源実の時代、故あって灰燼に帰し荒廃していたことが薬師堂再建の勧進案によって明らかになっている。源恵が源実から印信を授かった天正一八年（一五九〇）は小田原後北条氏滅亡の年であり、その秘法の伝授はまさに秀吉の軍勢が関東に来襲する直前のことであった。その源恵が高野山にて伝法を受ける慶長五年（一六〇〇）を経て、その間の情勢はどうであったのか。源恵が髙尾の地をしばらく離れていたのは間違いなく、堯秀が新たに髙尾山に入ってそこから新たな時代が始まったことをこの縁起の文言は暗示している。

しかし、飯縄大権現の「威霊」は、「坻伏」＝留まり隠れる、することはなかった。「東都」は江戸のこと。公卿は江戸在府中の大名を指すと思われる。「大夫・士」は中・下級の武士層に町民はじめ周辺地域の人々の崇敬厚く、「玉帛」とは玉と絹、何れも財産を意味するので、布施を惜しまなかったという意味になる。「大命」とは大きな運命の理であり、それはすなわち飯縄大権現にそれを問うということ。「旦・暮」、すなわち朝夕、「塗」には「道」の意味があり、よって参道を往く者がひきもきらなかったという意味になる。確かに、元禄一七年（一七〇四）に江戸で何人かの護摩檀家が確認できる通り(13)、他の社寺参詣の進展同様、髙尾山信仰興隆の端緒が江戸の人々に求められる兆候があるが、この縁起の文面もそれを認めているものと言える。

こうして、髙尾山における飯縄大権現信仰の興隆の現在に至るまでの道筋が示された。以降、縁起は髙尾山周辺の自然景観及び境内の堂宇、三代将軍家光による寺領安堵や綱吉の代の常法談林の復興、門末寺院の数につづいて数々の修辞の文句で飾り立てられるが、この間の経緯については後段に詳述する機会もあり、古代から近世前期までの寺史の検証という論旨からも外れるので割愛する。

なお、この寛延縁起は『新編武蔵風土記稿』のほか、八王子千人同心組頭塩野適斎の『桑都日記』にも記述があり⒁、その実存は立証されるが原本は現存していない。また、刻まれたという巨岩も実は現存しない。

二　中興伝承の頃の髙尾山周辺

京都醍醐山から東国へ下向した俊源が飯縄大権現を感得し、髙尾山を中興したとされる永和年間（一三七五～七九）とはどのような時代だったのだろうか。中興の時期から戦国時代に至るまでの、関東地方および髙尾山周辺の歴史についての沿革をたどってみたい。

鎌倉幕府の滅亡後、やがて朝廷は後醍醐天皇の南朝と足利尊氏奉ずる光厳天皇の北朝に分裂する。建武二年（一三三五）、箱根竹下の合戦の後、尊氏は子息義詮を鎌倉に配置し、貞和五年（一三四九）には同じく尊氏の子基氏が交代する。すなわち「鎌倉公方」の始まりで、後、補佐役である関東管領として上杉氏が配されることになる。正平七年（一三五二）、宗良親王を奉じた南朝方の新田氏が決起した武蔵野合戦は、最終的には北朝方の勝利となり、新田義興が多摩川の渡舟場で謀殺されると、関東における南北朝の騒乱は終息に向かい、鎌倉公方による関東平定の戦いは断続的に続くが、政情は一時の安定を見る。髙尾山が俊源によって再興されたのは、ちょうどこの時期にあたる。鎌倉時代の後期から南北朝時代にかけて、醍醐寺は積極的に東国へ教線を拡張する動きにあった。

一時的に秩序を取り戻した関東だったが、応永二三年（一四一六）には、関東管領家の支族上杉禅秀の乱が発生、これを契機に鎌倉公方支配が揺らぎはじめ、争乱の時代に突入する。永享一〇年（一四三八）、鎌倉公方足利持氏は、将軍義教と対立した後、自害に追いこまれる。追って、持氏の遺児を擁立した常陸国の結城氏朝が、北関東の諸将を糾合して関東管領上杉憲実に反旗を翻す。関東を二分したいわゆる結城合戦は、最終的に幕府を後ろ盾とした上杉方が勝利した。康正元年（一四五五）、持氏の遺児成氏は常陸国古河を在所とし（古河公方）、室町幕府から派遣された将軍義政の弟政知は関東に入れず伊豆に留まった（堀越公方）。江戸城築城で知られる太田道灌が上杉方の武将として活躍したのもこの頃のことである。

応仁元年（一四六七）、京都上御霊社の森に始まった戦いは、各大名家の家督権をめぐる争いとして全国に拡大する（応仁の乱）。上杉氏も本流の山内《やまのうち》上杉氏、支流の扇谷《おおぎがやつ》上杉氏とに分かれて抗争を続けた。鎌倉時代以来、高尾山最寄りの椚田郷を領してきたのは、源頼朝の時代に幕府を支えた大江広元の系譜をひく長井氏であったが、永正元年（一五〇四）、扇谷上杉方に属する長井氏は山内方に攻められ滅亡。以後、高尾山周辺は、青梅谷を本拠とする三田氏の支配下となる。長引く抗争による両上杉氏の疲弊をついて台頭して来たのが、北条早雲、氏綱、氏康とつづく小田原後北条氏であった。

三　戦国期の高尾山

北条氏康による薬師堂修復料寄進

北条早雲こと伊勢新九郎長氏は、駿河国の戦国大名今川氏の食客から身を起こし、やがて伊豆一国を手中にして韮山を居城とした。明応四年（一四九五）には小田原に入り、以後、相模一国を手中にすべく、三浦半島の豪族三浦氏らと抗争を繰り広げる。早雲の跡を継いだ氏綱は、小田原城を本拠とし、大永四年（一五二四）には関東管領上杉氏から江戸城を奪い、天文六年（一五三七）には上杉朝定を居城の川越から追い、武蔵中部へ勢力を伸張する。天文一五年（一五四六）、総勢八万の大軍で川越城は上杉方の攻囲を受けるが、有名な夜襲によってこれを破り、上杉憲政は越後国へ長尾景虎（後の上杉謙信）を頼って落ち延びた。憲政は景虎を養子とする形で上杉家の家督譲渡をもちかけ、景虎は北方へ伸長する後北条氏との戦いを決意し、永禄三年（一五六〇）の秋、景虎ひきいる越軍は三国峠を越え関東平野に侵入した。後北条氏の脅威に晒される北関東の諸将が続々と越軍に合流、膨れ上がった軍勢が一路小田原を目指して南下した。

薬王院文書の中、印信・聖教類を除く最古の文書は、この年の一二月付で、髙尾山に薬師堂の修復料として土地を寄進する旨の北条氏康の判物である[15]。その文言には、「絶え間なく勤行し本意祈念するように」とあるが、文面のみからは窺い知れない深刻な危機に直面していたことになる。初代早雲が伊豆一国を手中に収めて以来、北へ北へと関東に版図を拡大した後北条氏は、強敵長尾景虎という試練に直面した。

それから間もなく、越関連合軍は相模国に侵入、翌年、小田原城への総攻撃が始まる。同年二月には髙尾山周辺にも越関軍が到達している。戦国大名関連史料として後北条とならび薬王院文書の中にその名を留めるのが長尾景虎、後の上杉謙信である。景虎は髙尾山最寄りの小仏谷・案内谷・椚田谷での軍勢による乱暴・狼藉を禁止する旨の制札を残している[16]。時を同じくし、同様の内容で太田資正からも判物が二通出されている[17]。武蔵国岩付（現埼玉県岩槻市）城主太田資正は三楽斎という名でも知られ、江戸城築城で名高い太田道灌のひ孫にあたる。小田原城攻囲では先鋒を務めた。

景虎は鎌倉の鶴ヶ岡八幡宮にて上杉の名跡を継いで政虎と改名し、関東管領職を襲名するが、小田原城攻略には手を焼き、四月に入ると後北条方の反撃も活発となり、やがて、後北条方の追撃を振り払いながらの撤退となった。

北条氏照と髙尾山

後北条氏の中でも、とりわけ髙尾山との関係が深かったのが、滝山城（現八王子市高月町・加住町・丹木町）の城主北条氏照である。先に高尾山へ薬師堂の修復料を寄進した北条氏康の三男として生まれ（一般には次男として理解されている）、四代当主である兄氏政の片腕として北条氏の全盛を支えた。後北条氏の勢力が多摩西部におよんだのは弘治三年（一五五七）のこととされているが、当初、氏照は滝山城を本拠とする豪族大石氏の跡継ぎという形で多摩地域の平定にあたった[18]。

薬王院文書に残る三月二日付の寺領寄進の旨を記した氏照の書状は、永禄四年（一五六一）のものと推定されている[19]。この年の早春と言えば、前年秋に関東を南進した長尾景虎（上杉謙信）と北関東諸将の連合軍と交戦中のことで、一方、北方の青梅谷を本拠とする三田氏とも対峙するという、氏照の戦いもまだこれからという時期だった。そのような時期に果たして寺領を寄進し得るかとも考えられるが、一方、当地に入って間もない氏照による多摩平定の戦勝祈願という見方もできなくはない。何れにしろ、氏照は椚田郷の内に三千疋（一疋=銭一五文の換算で七五貫文）の土地を高尾山へ寄進したのだった。三田氏を滅ぼして多摩地域を手中にした氏照は、東方の宿敵里見氏との国府台合戦（現千葉県市川市）、北関東の利根川流域などを転戦し、後北条氏の版図拡大を担った。

氏照関係の史料は、庶民による高尾山信仰の具体像を示す最も古い史料となる天正三年（一五七五）付の居開帳実施にともなう参詣者の押買狼藉停止の制札[20]のほかには、森林資源に関するものが二点残る[21]。高尾山内の竹木伐採を禁ずる印判状で、竹木はもとより下草を刈っても類衆ともども斬首にするので搦め捕って滝山へ連行せよ、薪は武蔵野へ出て取るようにという厳しい処断が記されている。年次のはっきりしているものは、天正一七年の印判状で、小仏峠上に設置された関所の防衛強化のため、高尾山内での用材伐採を認めたものである。氏照は高尾山薬師堂に寺領を寄進する一方、その豊富な森林資源を軍需物資として重視していた。遡ること二〇年、永禄一二年（一五六九）に甲斐の武田信玄が北方から関東に侵入した際、氏照は滝山にこれを迎え撃つが、搦め手の小仏峠を抜けた小山田信茂に背後を突かれるという苦い思いをしていた。高尾山の北の尾根続きである小仏峠は、関東と甲斐国を結ぶルートとして軍事上の要衝だった。氏照が滝山から高尾山の北向かいとなる八王子城へ本拠を移した理由ともされる。築城は豊臣秀吉の来襲に備えたものであったが、翌天正一八年六月、小仏の防備強化も空しく、北方から寄せる豊臣方の前田・上杉勢の来攻によって八王子城は落城、本城小田原城に籠った氏照は、七月には降伏。兄氏政とその重臣らとともに切腹。ここに、北条氏の関東支配は潰え、高尾山にとっても「よき時代」は終焉を迎える。

四　近世初頭の高尾山

徳川氏の関東入府と高尾山

天正一八年（一五九〇）、小田原北条氏の滅亡後、八月には徳川氏が新たに関東へ入封した。徳川氏の新しい領国経営は、本多正信、青山忠成、内藤清成ら関東総奉行と代官頭伊奈忠次、大久保長安、彦坂元正、長谷川長綱らを実務担当者として進捗するが、多摩地方の地域開発にあたったのが横山（八王子）の小門陣屋を拠点とする大久保長安だった。長安は西多摩の地域の中心を八王子城直下から横山の地に移し、新たに八王子の街を開発するとともに、江戸から八王子を経由して甲府へ至る甲州道中の整備にも尽くす。

薬王院文書の中には、天正一九年（一五九一）四月二七日付の大久保十兵衛（長安）から藤橋庄左衛門、設楽惣右衛門、原佐渡という配下の代官と目される人物に宛てた書状の文面が残り、高尾山内の竹木伐採禁止を指示している[22]。一五〇〇年代後半に集中的に残存する薬王院文書はこれを最後にしばらく途絶え、寺院法度の写しの類を除くと、次に集中的な残存が確認されるのは寛永期（一六二四〜四四）ということになる。

薬王院文書の中には、戦国期から江戸時代はじめと推定される薬師堂修造に関する勧進帳の文案が残る。この時代を物語る数少ない史料であるが、残念なことに年欠である。署名した高尾山八世源実は後世の記録[23]によると慶長五年

（一六〇〇）に隠居、在住二十二年とあるので、天正六年（一五七八）からその間の作成と想定される。

文面（原本漢文）には「前代は金銀を以って磨ける堂塔有り、坊千余」というのは誇張としても、天正三年（一五七五）付の制札からは居開帳の相当な賑わいが想定でき、寺勢の興隆がわかる。しかし、続いて「時断絶、今一院に僧四・五口有り、居諸送り難く、諸木満々として八木（＝米）既に無し、果をむさぼって朝の飢えを慰め、水を飲んで夕のつかいを充つ、草葉を綴て衣となし、茅萱を編んで筵となし、就中、本尊は雨に曝れ、烏鴉の屎尿に汚れ、鳶鴿蹂躙して傾く、終に鍋・釜の薪となるべきこと悲しむに余りあり、歎くに極まりなし」と、荒れ果てた境内の様子が生々しく描かれる。

少なくとも、近くに北条氏照が本城を構えた時代、このような事態があったことは考えにくく、そうすると八世源実の時代においても、やはり、北条氏滅亡の後、一五九〇〜一六〇〇年頃の事と考えられる。大久保長安による山林保護の書状が書かれてからしばらく、髙尾山は最も困難と思われる時代を送っていたことになり、長安の意向は資源として山林を保護するものであっても、髙尾山を保護する性格のものではなく、後世、徳川氏の関東入封にあたっての寺領の収公説も述べられるなど[24]、近世初頭は髙尾山にとって衰運の時期であった。

寛永の髙尾山再興

この間、江戸幕府の開府をはさんだしばらくの間、髙尾山史はすっぽりと霧の彼方に隠れてしまう。再興に向けて苦難を綴った勧進案を書き上げた八世源実を継ぐべき九世源恵が一時的に高尾の地を離れていたことは高野山阿光坊から授かった印信の年次から推定されるが、源実の隠居時期はその印信の年次とピタリ一致する。醍醐流にあたる高尾山薬師堂の別当を継ぐ印可が高野山でおこなわれたということには一考の余地があるが、寺史に関する確実な記事と看做しうる一〇世堯秀が醍醐寺において印可を受けた元和七年（一六二一）までしばらくの期間がある。堯秀が法具の下賜を願い出て、髙尾山を醍醐派の道場として復興しようとした意思は確認できるが、堯秀に関わる関係史料は寛永八年（一六三一）三月の寺鐘の勧進帳[25]を待たねばならない。現存する寛永古鐘の鋳造の際に作成されたこの勧進帳には「厂塔わずかに存して、梟鐘はすなわちなし、沙弥常にこれを憂う」とあり、未だ整備の進まない境内は寺鐘すらない状態にあったことがわかる。

その寺鐘の勧進はそれまでの不遇に比してきわめて順調に進んだようで、鐘銘には「寛永八年龍集辛未秋九月」とあり[26]、勧進からわずか半年の内に鋳造の目途が立ったことになる。鐘銘には「武州高尾山有喜寺は瑠璃光仏（薬師如来）の垂跡なり。ほのかに聞く、往昔梵鐘を鋳て、晨昏《しんこん》もって報す。図《はか》らざりき世の不平にあふて、烏有となしぬ。今、檀越の衆力をもって小鐘を鋳鎔。しこうして筍虡《じゅんきょ》（鐘を吊る横木）に掛く。けだし、その志、童子の聚沙に似たりといへども、絶えるを継ぎ、廃れるを興すの義此に在り」（原文漢文）と、再興の感慨が述べられている。

江戸後期の絵図を見ると、現在、大本堂の建つ平地には、三つの堂宇が並んでいる。中央がやや大きく薬師堂。向かって左が護摩堂。右が大日堂。この内、護摩堂は現在の奥ノ院不動堂として現存し、その建築様式から寛永期（一六二四〜四四）の創建と推定されている。大日堂は現在の大師堂で、ほぼ護摩堂に同じ造りである。それと仁王門も江戸初期の建築様式とされ、薬師堂の再建も含めてこれら堂宇群が寛永期に建設されたと推定されるが、寛永一四年の史料には「飯縄・薬師堂宮」「薬師堂の近所いつなの宮」という文言があり[27]、薬師堂の再興と飯縄宮の存在も確認できる。

さて、寛永古鐘の銘には、ごく短いものであるが、江戸初期の山内の様子を偲ばせる貴重な一文が記されている。「銘ニ曰。有喜の霊刹、瑠璃の道場、俚俗を点離して、医王を安置す。神徳の感ずる攸《ところ》人民瞻望《せんぼう》す。爰《ここ》に、新に法器を鋳て、以って典章を守る。華鯨月に吼へ、黄鶴霜に鳴く。豊嶺秋暮て、武陵夜長し。無明の睡《ねむ》りを覚《さま》し、旅客の装を促す。大檀力を致し。萬歳芳を伝う。」（原文は漢文）。

まさに、檀徒が一致協力し、髙尾山を再興したのがこの時だったわけである。八世源実の勧進案にあった窮乏の時代から半世紀、髙尾山は急速にその寺勢を盛り返した。醍醐寺から新たに住持として派遣された気鋭の僧侶一〇世堯秀の名がわかるばかりで、廃墟同様となった山内をこのように復興させる原資がどうやって賄われたか、勧進に応じたのがどこの誰であったのか、実際には不明なことばかりではある。徳川将軍家から寺領安堵の朱印状を受ける以前のことであった。

註

(1) 法政大学多摩図書館地方資料室委員会編『髙尾山薬王院文書』一（法政大学、一九八九）三五号文書。以下、本史料集は『髙尾山薬王院文書』一のように省略して表示する。
(2) 以下、薬王院文書の中の印信に関する史料的評価については、関口恒雄「解説　一、寺歴・住職関係」（『髙尾山薬王院文書』一）を参照。
(3) 『髙尾山薬王院文書』一―三七―六号文書
(4) 『髙尾山薬王院文書』一―八四号文書
(5) 『髙尾山薬王院文書』一―四一号文書
(6) 前掲註（2）参照。
(7) 櫛田良洪『真言密教成立過程の研究』（山喜房佛書林、一九六四）
(8) 以下、漢文の用例については諸橋轍次『修訂版大漢和辞典』（大修館書店、一九九〇）の記事に拠る。
(9) 藤井雅子『中世醍醐寺と真言密教』（勉誠出版、二〇〇八）
(10) 前掲註（9）に同じ。
(11) 前掲註（7）に同じ。
(12) 『髙尾山薬王院文書』一―四七―二号文書

(13)『髙尾山薬王院文書』二―五二三号文書
(14)塩野適斎著・山本正夫訳『桑都日記』(鈴木龍二記念刊行会、一九七二)
(15)『髙尾山薬王院文書』一―一号文書
(16)『髙尾山薬王院文書』一―四・五号文書
(17)『髙尾山薬王院文書』一―二・三号文書
(18)北条氏照の動静については、下山治久『八王子城主・北條氏照』(たましん地域文化財団、一九九四)を参照。
(19)『髙尾山薬王院文書』一―六号文書
(20)『髙尾山薬王院文書』一―七号文書
(21)『髙尾山薬王院文書』一―八・九号文書
(22)『髙尾山薬王院文書』一―一八九号文書
(23)「由緒書」(髙尾山薬王院蔵)。本史料は既刊の史料目録・史料集には未収録であるが、『髙尾山薬王院文書』一―七四号文書の前半部分と推定される。
(24)『新編武蔵風土記稿』(国立公文書館蔵)の別当薬王院に関する記事の中に、後北条氏から寄進を受けた寺領の内「寺田七十五石ハ収公セラレ。境内ノ寺領ハソノマ、所務セシガ」とある。
(25)『髙尾山薬王院文書』一―四一号文書
(26)『髙尾山薬王院文書』三―七〇七号文書
(27)『髙尾山薬王院文書』三―六二三、六二四号文書

第二章　高尾山信仰の展開

行基による開基、醍醐寺の僧による中興伝承をもつ武州高尾山は、戦国期の小田原後北条氏による帰依を経て、江戸時代の初めに境内の再整備が成り、中期から後期にかけて庶民参詣の対象として多くの人々を集めるようになった。本章では、戦国期から江戸中期までの高尾山に対する信仰活動を概観した後、その信仰の実態について述べてみたい。

一　高尾山信仰の概観

前章でも述べたように、薬王院文書がまとまって残り始めるのは一六世紀の後半である。それからしばらくの空白を経た後、だいたい寛永期（一六二四～四四）あたりからその数量を増してゆくが、それでもそこから読み取れる寺史は断片的とならざるを得ない。本書において考察を加える高尾山信仰の諸相は、おおよそ一八世紀後半から一九世紀前半にかけての史料によって明らかになることになるため、はじめにそこに至るまでの概略を述べることとする。

戦国期から江戸前期

永禄三年（一五六〇）の北条氏康による薬師堂修復料の寄進状(1)は、高尾山に対する信仰を伝える最も古い史料と言うことができる。由緒を語る古刹の多くが、開基を古代に求め、現実的な寺史として伝えが残る初めを中興と位置付けることが多いが、僧侶による布教の尽力もさることながら、大檀越《だいだんおつ》として有力豪族が後ろ盾となった事例もよく見受けられる。髙尾山の場合、一六世紀後半における興隆に際し、大檀越として後北条氏の存在があった。

一般に、寺社への庶民信仰が盛んになったのは、戦乱が鎮まり、交通路が整備され、寺社信仰という文化的営為を伝える情報媒体が発達し、なおかつ経済的なゆとりが生ずる江戸時代のことと評価されているが、戦国期の段階で武士層による富士参詣のあったことは史料が残っている。(2)ところで、北条氏照発給による制札からは、すでにその頃、髙尾山の居開帳に大勢の人々が訪れていることが示唆されている。(3)

制札　　　　　　　　　　　　　　　　髙尾山

右、就于被開当山本尊之御戸、貴賎上下参詣之輩、於彼堂場、押買狼藉喧嘩口論等之横合被停止畢、令違背之族、任大法可処罪科状、仍如件

天正三年乙亥霜月廿一日　　　　　　　　氏照（花押）

天正三年（一五七五）に発給された押買・狼藉・喧嘩・口論を禁ずる制札は、当山本尊の御戸開かるという、いわゆる居開帳の場に掲示するためのものである。実際には実施の前年にあらかじめ用意されたものだ。相当な人出が見込まれる故のものであり、それは「貴賤上下参詣之輩」と表現されるように、特定の階層に属する者ばかりでなく、在地の土豪層から一般農民にいたるまで、地理的にどの辺りから参詣者が訪れたか知るすべは無いものの、すでに髙尾山が幅広い階層の人々による崇拝を集めていたことがわかる。

北条氏康が髙尾山に寺領を寄進したその永禄三年に関東に攻め入った上杉謙信（当時は長尾景虎）もまた、飯縄大権現への崇敬が厚かったことが知られている。その南進にあたって周辺に軍勢の乱暴狼藉停止の制札を掲げたのは、

高尾山が飯縄大権現を祀っていたことが理由かどうかまでは定かではない。

ところで、北条氏関連文書の宛所には「薬師堂別当」「薬師山別当」と記され[4]、戦国期末〜近世初頭の作成と推定される八世源実による勧進帳の文案には「高尾山薬師堂」「本尊医王如来霊像」という文言が見られる[5]。この頃の高尾山信仰においては、薬師如来がその中心であったと言える。一方、後世の記録に記された事柄だが、同じ頃、北条氏が高尾山上に富士浅間権現を勧請したという話が伝えられており、戦乱によって富士山への道を閉ざされた関東以東の人々が訪れ八王子近在がたいへん繁昌したということであるが[6]、富士信仰と高尾山の問題については後段に譲りたい。

天正一八年（一五九〇）、豊臣秀吉の来攻によって北条氏は滅亡。高尾山は大檀越を失い、高尾山上の伽藍が荒廃状態にあった時期が訪れる。その間の高尾山信仰の様子は不明だが、江戸時代に入るとその様子がおぼろげながらわかってくる。寛永年間（一六二四〜四四）の始まりは、江戸幕府の開府から二〇年弱という頃、前章で述べたとおり、この時期に一〇世堯秀の尽力によって山上の伽藍が整備された。

寛永八年（一六三一）、幕府によって高尾山中の通り抜けを禁止する文書が作成されている[7]。その文面には、「高尾山参詣ニまきれ通る事可有之間、女并手負その外ふしんなる者、すくニ不通抜様ニ」、「高尾山参詣の男女者」「番所におゐて通り抜不致様取計」「高尾山ニ而者裏門ニおゐて参詣通り抜之輩有之者、差留可申」云々とある。高尾山に参詣する経路として、甲州道中の駒木野関の手前を南に入る道があった。後の史料では、その経路にある落合という集落に口留番所があり、高尾山への参詣者と、南西方の千木良村方面からやはり駒木野関を迂回して薪炭の運搬をおこなう者などを改めていたという記事もある[8]。したがって、この道から高尾山を通って小仏峠方面へ抜ける迂回路が存在することになり、それを取締る必要があったわけである。これらの記述からすると、この頃には相当数の参詣者があったことがうかがえる。この寛永八年は、現存する寛永古鐘の銘文にある年であるが、その発願からわずか半年のことで、勧進の好調ぶりから相応の檀徒の存在、髙尾山信仰の復活が偲ばれる。

その勧進の文面には「瑠璃医王之垂迹・愛宕・飯綱」という文言がある。(9) 後北条氏関係の文書においては、専ら「薬師堂」が管見されたが、ここにおいて「飯綱（縄）」という名が見られるようになった。寛永一四年の山論関係の文書には「飯縄薬師堂宮」という文言があり、薬師堂とならんで飯縄権現を祀る社殿の存在が確認できる。

髙尾山の寺領（薬王院寺領）は慶安元年（一六四八）に三代将軍家光によって七五石が安堵されているが、その直後の成立とされる『武蔵田園簿』(10) には、多摩郡の名所として「髙尾山」の名が記され、髙尾山最寄りの上椚田村の項に、「高七拾五石　髙尾山飯綱社領」とある。この、高七五石というのは、すなわち別当寺である薬王院寺領のことでもあるわけだが、この頃には、飯縄権現を祀る霊山として相応の認知度を得てきたということになる。

さて、その戦国期から確認される髙尾山への参詣者は一体どこから来た人々であったのだろうか。その傾向がわかってくる最も古い時期の状況を知る手がかりとなるのが、「永代日護摩家名記」という檀家帳である。(11) これには、江戸前期・中期に、薬王院が執行する護摩供の永代施主になっていた家の名が記されており、最も古い家は元禄一七年（宝永元年・一七〇四）からの施主となっている。興味深いのは、この頃の施主が地元多摩地域よりも江戸に目立つことである。永代施主というからには相応額の布施も必要で、それなりの現金所得が求められることもあるが、庶民による社寺参詣という営為は江戸の人々がその先駆となって発展したことがうかがわれる傾向である。元禄文化で知られるこの時代、江戸近郊の寺社への参詣が江戸町人の文化的営為として大きく進展した時期でもあった。

享保期における活性化

七代将軍家継の夭逝により徳川宗家が途絶え、和歌山藩主から徳川吉宗が八代将軍に就任した。その治世は享保の改革で知られるが、司法制度の整備や人材の登用策、新田開発による生産力の向上など新たな時代の幕開けでもあった。享保年間（一七一六～三六）は足掛け二一年に及び、江戸時代の中でもよく知られる年号である。幕府開府より約一〇〇年と少し。江戸時代も半ばに差し掛かるが、享保期は髙尾山信仰にとっても一つの画期となった。

先の「永代日護摩家名記」を分析すると、護摩供の永代施主の数が飛躍的に増加していることがわかる。また、髙尾山地元の八王子を中心とする多摩郡西部にその増加が著しいという傾向がある。これは、江戸の外環地域における経済力の上昇や、当初江戸の人々が担い手であった社寺参詣という文化的営為が、だんだん周辺部に拡散していく傾向と考えることもできる。

一方、武家による髙尾山信仰としてこの時期特筆すべきことは、徳川御三家の一つ、紀伊徳川家との関係の始まりである。紀州家には、将軍となった吉宗の後任として支藩である伊予西条松平家から六代藩主宗直が入っている。その宗直は、享保三年に髙尾山に鷹を奉納したとされるが、実際、元紀州家家臣である幕府の鷹匠による放生会の執行は同時代の記録に現れる。[12]これが、宗直による奉納であるかは一考の余地がある。以後、中断した時期もあるが、髙尾山は紀州家の祈祷所を幕末まで務めることになる。[13]

放生会は享保年間を通じて断続的におこなわれているが、その間の同九年、本尊を公開する居開帳が実施された。享保一六年にも実施され、髙尾山麓の上椚田村原（現八王子市東浅川）の石川家の日記[14]に「扨々おひたたしき髙尾参詣ニ御座候」「扨々此日抔開帳さかり申し候」と記録されることになる。この時の開帳というのは、現存する壮麗な飯縄権現堂の建立にともなう遷宮開帳であった。「石川日記」によると、同一一年に建立が発願され、一四年に上棟の祝いがあったことがわかる。現存の飯縄権現堂の幣殿・拝殿部分は、宝暦三年（一九五三）に再建されたもので、その後、修復・増築が繰り返され今日に至っている。[15]翌々一八年三月二一日には、再び「おひたたしき髙尾参」（石川日記）があった。この日は、宗祖弘法大師の御影供の日である。翌一九年にも再び居開帳、二年後、享保最後の年となる二一年には「飯縄大権現・薬師如来并末社共惣開帳」（同）。同年元文に改元の翌二年には弁天社の開帳、そして、その翌年元文三年四月から二ヶ月間、今度は江戸本所の大徳院大仏勧化所において、髙尾山飯縄大権現にとって初めての江戸出開帳が実施されることになる[16]。本尊が髙尾山に戻った六月二九日からは山麓で開帳。

幕府鷹匠らの放鷹に始まり、飯縄権現堂の落成、そのお披露目の居開帳から初の江戸出開帳と、享保年間とその後の数年は、髙尾山信仰の興隆を目の当たりにする山史においても画期的な一時代であった。

宝暦・天明期における寺勢の興隆

「石川日記」は当時の髙尾山内の動静が読み取れる貴重な史料であるが、続く宝暦・天明期（一七五一～八九）にかけても、断続的に大勢の参詣者が訪れた様子が記される[17]。

宝暦五年（一七五五）三月一五日

「髙尾開帳参詣沢山」

同　　三月二一日

「おびたゞ敷髙尾参り」

同様の記事は、この年に三回、同七年と九年が二回ずつ、明和四年（一七六七）、安永年間では二年（一七七二）・三年とそれぞれ一回、六年は二回、天明四年（一七八四）、六年から寛政二年（一七八九）まで毎年一度ずつという具合に見られる。頻度としては年に一～三回程度の記述にすぎないが、これは石川家の付近を参詣の行列が通ったという記事ではなく、弘法大師の御影供などの行事には当主が髙尾山へ登山しており、その際に目にした様子を記したものと考えられる。参詣者大勢の記載は弘法大師御影供の三月二一日が目立つが、記載の多くは髙尾山内における行事執行の日にあたり、行事執行が事前に多くの人々に周知されていたことを示している。

さて、先に見た「永代日護摩家名記」における一八世紀後半の新規施主の状況はどうなっていただろうか。元禄一七年（一七〇四）以降、享保期にかけて、江戸や高尾山周辺に目立った永代護摩檀家数の伸びはこの頃には鈍化の傾向にあり、代わって多摩郡の中でも現在の日野市域や多摩市域の村々、北の方では現在の埼玉県中央部にあたる武蔵国入間郡・高麗郡・比企郡といったあたりに施主が目立ってくる。そこからさらに、西には甲斐国、北には下野国方面にも檀家が分布するようになり、護摩供の施主の分布という点では、この時期に、その後の一九世紀前半段階における髙尾山の信仰圏となるべき地域への伸長が達せられたと見ることができる。

さて、享保期につづき、髙尾山内ではどのような動きがあったのだろうか。「石川日記」の記事を辿ってみたい。延享五年（一七四八）九月二八日「髙尾山かんじやう初（始）」、一〇月一六日「髙尾山結縁くわんじやう有り」。「かんじやう」「くわんじやう」とは「勧請」のことで、神仏を他所から分霊して祀ることの意味である。ここでの「勧請」の詳しい内容は不明であるが、結縁まで一九日間にわたる行事であった。宝暦五年二月一五日には「飯縄・薬師へ開帳初（始）」。この居開帳は四月二八日まで続く。同七年二月二八日「此日より髙尾山二十万枚護摩初（始）り」。この護摩供は三月五日まで続いた。宝暦八年三月一六日「髙尾山ほうきやう（宝篋）塔江戸より参候」。翌九年三月一七日「此日より五日之内髙尾山ニほうきうとうくよう（供養）有」。この宝篋印塔は武蔵国荏原郡用賀村（現東京都世田谷区）阪田氏の寄進によるもので、現在の大本堂に向って左手、飯縄権現堂へ登る階段脇に現存している。明和四年（一七六七）四月八日「此日より髙尾山開帳初（始）り」、同年四月二一日には「髙尾山太々神楽開帳仕廻」、安永二年（一七七三）一二月七日「髙尾山へ石燈籠納大身也」、安永六年九月二一日には再び「髙尾山くわんぜう御ねり有」。これも一四日間おこなわれ一〇月四日結縁となっている。行事の記事は年に一回ずつであったり、数年に一回といった頻度であるが、享保五年から近代以降まで書き継がれる日記において髙尾山の行事執行の記事としては集中的な記載が見られる時期である。日記の著者の視点からすると、それだけ髙尾山における行事に関心が払われたということが言える。

ポスト享保期とも言えるこの時期には、髙尾山内での「御影供」「開帳」「護摩供」「勧請」「太々神楽」といった様々な行事の執行が確認できるが、その日に大勢の参詣者が特記されるということは、執行が事前に人々に周知され執行されたものであると考えられる。寛政三年（一七九一）には江戸湯島天神にて出開帳。同七年には山内で居開帳。さまざまな観点から髙尾山信仰の諸相を具体的に知ることのできる一九世紀を目前に、多彩な行事執行に見られる盛行の内、髙尾山の一八世紀が暮れていった。

二　髙尾山の祭祀

現在も髙尾山上には、飯縄大権現を祀る大本堂の脇に宗祖弘法大師空海を祀る大師堂があり、奥ノ院と山麓の別院・不動院には不動明王、さらには富士浅間権現、愛染明王、八大龍王と、数多くの神仏が祀られている。伝統的な日本人の宗教感覚は、西欧や中近東における一神教的宗教とは異なり、「八百万《やおよろず》の神」という表現や「一木一草にも神が宿る」と言うように多様な崇拝対象を許容してきたが、江戸後期に発生した特定個人を教祖として頂く教派神道のイメージや、明治以降のキリスト教受容にともなって形成された宗教感覚からすると、髙尾山のような場所は宗教空間として今ひとつ理解しにくいものとなってしまっている。今日の「寺院」「神社」という区分自体が近代以降の産物とも言えるが、髙尾山内にあるような、寺院と神社が混然となったさまざまな神仏が宿り数々のご利益が掲げられるという状況からは、むしろ前近代までの日本人にとっての伝統的な宗教感覚のあり方を探ることができる。ここからはしばらく、崇拝対象の諸神仏という観点で髙尾山信仰を分析してみたい。

薬師如来

今日、髙尾山の本尊と言えば、まずは飯縄大権現、そして、その本地仏である不動明王ということになる。そうした中、毎月一二日は薬師如来の縁日となっているが、歴史的にも髙尾山は薬師如来との縁深く、本堂に飯縄大権現とともに祀られている。そもそも、天平一六年（七四四）、行基菩薩が山上に薬師如来像を祀ったというのが、髙尾山の開基伝承である。『武蔵名勝図会』（文政三年・一八二〇）[18]の挿絵は、髙尾山を写実的に描いた最も古い絵であるが、飯縄大権現を祀る社殿の直下、現在、大本堂の建つ平地には三棟の仏堂があり、中央に薬師堂、左右に護摩堂（現奥ノ院不動堂）と大師堂（江戸後期における他の絵図類では「大日堂」と表記されている現在の大師堂）が配されており、諸仏の中でも薬師如来は特別な存在感を持っていた。

信仰の山としての髙尾山像が同時代に作成された史料から明らかになってくるのは戦国時代になってからのことになる。永禄三年（一五六〇）十二月、小田原後北条氏の当主氏康による寺領寄進の名目は「薬師堂修理」であり、判物の宛先は「薬師堂別当」だった。これは、髙尾山に祀られた神仏に対する信仰を示す最も古い記録となる。

この頃には、天正三年（一五七五）十一月の北条氏照による居開帳場における押買狼藉等停止の制札から、庶民一般をも含め髙尾山が広く人々の信仰を集める霊場となっていたことが判っているが、この制札の文面には残念ながら具体的な神仏の名が出てこない。この外、その当時後北条氏が発給した文書には「薬師山」という宛所が数点見られ、この頃、髙尾山の本尊と言えば、まずは薬師如来という認識であったことを示している。

江戸時代に入って間もなくの頃の髙尾山信仰については、現存する寛永古鐘の銘文が数少ない痕跡である。寛永八年（一六三一）九月銘の古鐘は後北条氏滅亡後の荒廃から復興した象徴とも言え、髙尾山への参詣者が再び見えはじめた頃のものであるが、その銘には「武州高尾山有喜寺は瑠璃光仏《るりこうぶつ》の垂跡なり」（原文漢文）とある[19]。瑠璃光仏とは薬師如来のことで、後北条時代に引き続いてしばらくは薬師信仰の山として髙尾山が認識されていたことがわかる。

さて、薬師如来と言えば、その称号からも容易にイメージされるように、病気を治す仏として信仰を集めていたわけだが、髙尾山に帰依した人々の動向もそれに沿っている。

江戸時代の中後期、髙尾山は紀伊徳川家の祈祷所を勤めたが、特にその間柄が親密となった八代藩主重倫《しげのり》の時代には、明和八年（一七七一）から安永八年（一七七九）にかけて、子息・息女の疱瘡除《ほうそうよけ》の祈祷・護符の依頼に関する文書が多く残存する。また、重倫自身、病気による自らの生死を問う書状を薬王院隠居に宛てており、深い帰依の動機が不治とも悩む心身の不調にあったことがうかがえる(20)。

同じ時期、一般の人々が髙尾山の護摩供の施主となるようになった動機として、具体的には「妻大病之節、護摩相願、早速平癒為御礼」というような記録、また、紀州家に限らず民間からも子供の疱瘡除の護摩札が依頼されたという記録が残る。こうした記事が見える「永代日護摩家名記」という檀家帳の中では、もうその当時は髙尾山の利益として知られていたはずの「火伏《ほぶせ》」「蚕守」などはなぜか一例も見られない。病気平癒を動機とする護摩供執行、というのが江戸時代中期における髙尾山信仰の状況を象徴的に示していると考えられる。

江戸中期以降に作成された髙尾山縁起に見える飯縄大権現の利益にも、「諸病悉除」という文言があり(21)、飯縄信仰と薬師信仰は利益の点で表裏一体であることがわかる。医学的な知識が普及する以前において、病気とは、悪魔・悪霊がもたらす災厄であり、穏やかな薬師如来の造型とは別に、病気を治癒する神仏にはそれらを撃攘する猛々しいイメージ、また、イニシエーションにおいても火を焚く護摩供のような荒々しいイメージが共感を呼んだようである。飯縄大権現やその本地仏である不動明王は、まさにその意味で人々にわかりやすい現世利益の神仏として人気を博したと言える。飯縄大権現を祀る宮殿の存在に関する同時代の史料上の記録は、管見のところ寛永一四年（一六三七）が最も古いものだが(22)、江戸前期の『武蔵田園簿』にも「飯綱（縄）社領七十五石」の記載が見える。その後しばらくして現存の飯縄権現堂が建立（享保一四年・一七二九上棟）されるなど、江戸中期にかけて飯縄大権現が髙尾山の本尊としてクローズアップされるようになった。

江戸時代に作成された縁起類においては飯縄・薬師が並び立つ形の表現もあったが、近代に入り、長らく髙尾山上の伽藍の中心にあった薬師堂は姿を消す。明治一九年（一八八六）九月の大雨にともなう土砂崩れによって薬師堂は倒壊。その後、左右に並んでいた大日堂（現大師堂）・護摩堂（現奥ノ院不動堂）は他所に移され、その跡地に再建された建物は、薬師堂と同時に倒壊した「本堂」の後継と言える「大本堂」ということになった。結果的に、「薬師堂」という建造物がなくなったことが、髙尾山＝薬師の霊場という印象の希薄化を決定的にしたのではないかと思われる。今日なお薬師如来への信仰は縁日の存在によって受け継がれている。

飯縄大権現

髙尾山の本尊と言えば今日では何と言っても飯縄大権現である。その御影は、白狐の上に屹立し、鳥を思わせる鋭いくちばしと大きな翼、手足には蛇が絡みつく。これは、不動明王、迦楼羅天《かるらてん》、托枳尼天《だきにてん》、歓喜天、宇賀神・弁財天の五相合体の姿と言われるが、山野に分け入った際に見かけられる鳥獣を神仏の化身になぞらえたものとも考えられ、山岳信仰の神としてふさわしい相貌と言える。

さて、その飯縄大権現であるが、髙尾山上に祀られるようになった時期については、寛延三年（一七五〇）に記されたとされる髙尾山縁起では、永和元年（一三七五）のこととしている。その頃、髙尾山中で修行に励んでいた僧俊源は、十万枚護摩修行を終えた後、疲れを感じて眠りにおちていたところ、夢中に飯縄大権現の姿に現じた阿遮羅明王が現れ、「世に辟（僻＝不正・邪悪）多く、諸魔の繋きを降伏せしめん」と俊源に告げたとされる。俊源はその姿を尊像として刻むことを思い立つが、自分の手には負えず、どこからともなく現れた異人が俊源にかわってそれを刻み、俊源が祠を建てて尊像を山内に祀ったということである。髙尾山中興の逸話として知られるが、楽王院文書に同時代の事柄を記した文書類が残存するようになるのは戦国時代以降のことであり、それ以前のこととされる事象は、歴史学の立場からすると奥深い霧の彼方の出来事と言わざるを得ない。

「飯縄」「権現」がリアルタイムで文書の中に現れるのは寛永八年（一六三一）の梵鐘の勧進帳案ということになる[23]。そこには、「そもそも此山は、東方上瑠璃医王之垂跡・愛宕・飯綱天権現、鎮護修る也」（原文漢文）と記されている。この時の表記は「飯綱」となっており、後には「飯縄」と記されるようになる。同じ寛永の一四年の訴訟関係の文書の中に「飯縄薬師堂宮」「薬師堂の近所いつなの宮」という文言が見られる。薬師堂はこの寛永年間に現在の大本堂の位置に再建されているが、当時の飯縄宮がどのような建物であったかを知るすべはない。安土桃山時代から江戸時代の初期にかけ、髙尾山は荒廃にさらされた時期もあったが、この寛永年間には再興がなり参詣者の姿も見られるようになっていた。

次の手がかりはその十数年後となる。『武蔵田園簿』は江戸幕府によって作成された武蔵国村々の村高（米の生産高）を支配別の一覧形式にまとめた帳簿である。その多摩郡上椚田村の項には「外高七拾五石　髙尾山飯綱社領」という記述がある。この帳簿は慶安二年（一六四九）もしくは三年の成立と推定されているが、三代将軍家光によって髙尾山薬王院の寺領七五石が安堵されたのが慶安元年のことだった。先の「七拾五石」は「社領」と表記されているが、それは薬王院の「寺領」のことである。髙尾山と飯縄大権現、薬王院との関係を整理すると、髙尾山という数々の神仏が住まう霊山に、飯縄大権現という神が中心的に祀られており、祭祀者の主体となっているのが「別当（＝長官の意味）」と呼ばれる薬王院であったということになる。

その後、延宝年間（一六七三～八一）には山上で大火があったということだが、現存する堂宇の中にはそれ以前の建立のものがいくつか残り、どの程度の損害があったのかは不明である。元禄年間（一六八八～一七〇四）の後半になってようやく寺勢立て直しの兆候が見られるので[24]、相当な被害を蒙ったようではあるが、その間の飯縄宮の状況も定かではない。

飯縄大権現が再び記録上に現れるのは享保一一年（一七二六）のことになる。この年の一一月、薬王院は飯縄宮の再建を麓の上椚田村の人々に披露している。三年後の享保一四年八月末には上椚田村の村人が普請の手伝いに登山している。そして、一〇月の八日から三日間、飯縄権現堂の上棟の祝いがなされた。棟札には「奉造営飯縄大権現宮祠一右為別当髙尾山住法印秀憲、大工棟梁武州上椚田案内村栗原佐兵衛能政、同国立川村中嶋七兵衛清重、佐兵衛一子栗原政右衛門能恒(25)」とある。この時の建立は本殿のみで、翌年に幣殿・拝殿が併設されている。現在の本社は一棟の建物のように思われるが、手前に拝殿、奥に本殿、その中間に幣殿のある「権現造り」という形式をとっている。当初は本殿のみの建立、そして幣殿と拝殿は連結していない別棟になっていたとも推定されている。また、彩色や外壁の彫刻なども段階的に整備され、長い年月の間には部分的な修復も幾度かあった。

再建当時の一六世山主秀憲は、享保九年の晋山、飯縄権現堂の建立を表明したのはその二年後のことだった。今日なお髙尾山の中心をなす飯縄権現堂の建立、そして、現在に文面の伝わる寛延縁起の作成も手がけた秀逸な人物だった。

その縁起の一文には気になる文言がある。「その飯縄神を祀る、また、俊源に始り源恵主に盛んなり。」「堯秀以還、ただ承けて醍醐の法を守りともに医王を尊崇するのみ。飯縄の法を伝ふと雖も敢て其業に宿《とど》めず。歳時、祭るに其物を以てし、また敬して之を遠ざかる。」（原文漢文）。文意をとると、ある時期から本尊としては表立って飯縄大権現を祭祀しなくなったということになる。そこで、一六世秀憲が飯縄権現堂を建立して旧に復したということになろうか。実際、戦国時代に後北条氏から発給された文書を見ると、そこには飯縄大権現の名はなく、縁起にある「医王」すなわち薬師の名があるのみだった。「飯綱（縄）」の名が見られるようになる時期は寛永八年（一六三一）以降になる。しかし、そこで「飯綱」の名を記したのは一〇世堯秀であったわけで、飯縄大権現の祭祀が空白の時期はそれ以前の戦国時代のことを指すのか、あるいは堯秀より後のもっと秀憲に近い時代のことであったのかも知れない。しかし、新たな飯縄権現堂の竣工以降、飯縄大権現が髙尾山内においても中心的な位置を占めることになった。江戸時代の中期から後期にかけて、「薬師」の名はあまり目立たなくなるが、髙尾山の利益として『病気平癒』は変わらず引き継がれることになる。

悪魔降伏を告げて髙尾山に鎮座した飯縄大権現であるが、その掲げる利益とは何だろうか。寛政一二年（一八〇〇）の「髙尾山薬王院明細書付[26]」には「（飯縄）権現ハ本地不動明王の垂跡《すいじゃく》にして、悪魔降伏のために異形を出現し、国家安全・武運長久・五穀豊饒・万民快楽のため、別してハ開運・火防・息災・延命を司り給ふ神なり」とある。幕府に提出した文面という性格はあるが、今日のように科学的知見のない時代において、災厄は疫病神や悪魔の仕業と考えられていた。特に、病気は誰もが無縁ではありえない災厄であり、飯縄大権現の悪魔降伏の利益に救いが求められたわけである。

さて、庶民による寺社信仰が隆盛を迎えた江戸時代において、江戸町人の間でもことさら人気のあったのが不動明王である。火事に弱い都市において火難除の利益が注目されたとも考えられるが、実際、江戸近在には不動を祀る、よく名の知られた寺院がいくつも存在する。江戸近郊では目黒の滝泉寺の不動が特に有名だが、目白不動（新長谷寺・文京区高田）と目赤不動（南谷寺・文京区本駒込）に加え、明治以降に目青不動（観行寺・旧麻布谷町―廃寺）、目黄不動（永久寺・台東区三ノ輪）が加わって江戸の五不動と呼ばれるようになった。また、江戸から少し離れた二泊三日行程の周辺地域では、下総国の成田不動と相模国の大山不動は、江戸で多くの代参講が組織され多数の参詣者を集めた点で際立った存在であった。

元禄一六年（一七〇三）、深川永代寺にて成田不動初の江戸出開帳が執行されるが、時を同じくして森田座では初代市川団十郎による子授けの霊験を題材とした「成田山分身不動」が上演されるなど、開帳は大当たりとなった。同年には上野国新田の明王院、鎌倉の花蔵院、前年には芝高輪台の知将院、翌年には上総国高柳村（現千葉県木更津市）護国寺、武蔵国不動岡村（現埼玉県加須市）惣願寺の江戸出開帳の記録があり、この時期、不動尊ブームとも言うべき状況が現出していた[27]。

その元禄一七年は、髙尾山信仰にとっても一つの画期の年であった。髙尾山で居開帳が執行されると時を同じくして、江戸に護摩供の施主となる記録上最初の檀家が確認できるのである。その人物が居開帳に参詣したという確証はないが、髙尾山と江戸の動向に連動性があったということは注目に値いする。右手に剣をかざし、左手に羂索を捧げる飯縄大権現の造型は、本地不動明王の化身であることを如実に表しており、江戸の人々の間に不動信仰が台頭したことが、飯縄大権現を本尊として注目するようになった一因と考えられよう。実際、寛政三年（一七九一）の湯島、文政四年（一八二一）新宿の両度の江戸出開帳の場では飯縄大権現と本地不動明王像が並んで祀られた。一方、万延二年（一八六一）の両国出開帳の立札にも本尊薬師の名は見えない。

髙尾山で確固たる地位を築いた飯縄権現信仰に大きな障壁が立ちはだかったのが明治維新期である。明治二年（一八六九）、明治新政府は祭政一致の国家体制を構築する上で、神仏を明確に区分するため、権現号の廃止を指令した。神仏分離にともなう世に言う廃仏毀釈の風潮の只中にもかかわらず、薬王院は寺院としての道を選んだ。しかし、本尊飯縄大権現を名乗ることは許されず、便法として「飯縄不動」と呼び替えることになった。一方、公文書の中では「飯縄不動」の名が使用されているにもかかわらず、居開帳など信仰の場では、依然、「飯縄大権現」の名が記されており、やがて政府の極端な宗教政策が是正されると髙尾山飯縄大権現の名も旧に復することになる。

弘法大師

三月二一日は真言宗の宗祖空海の忌日である。江戸時代、髙尾山では宗祖を供養する御影供《みえく》が執行され、多くの人々が群参したという記録が残る。旧暦三月は髙尾山への参詣者が一年の内でも突出して多い月であった(28)。

空海は、宝亀五年（七七四）、讃岐国多度郡弘田郷（現善通寺市）に生まれ、少年期に都へ上り学問の道に入った。四国各地で修学に励んだ後、平安京に遷っていた都へ戻る。空海が出家した時期には諸説があり、延暦二二年（八〇三）説が有力だが、その翌年、空海三〇歳の年。遣唐使の一行に随行して渡海、一二月に唐の都長安に入っている。当地で青竜寺の僧恵果に師事して密教を学んだ後、大同元年（八〇六）、経典や図画を携えて九州に帰着した。京都に戻った空海は高雄山寺に入るが、弘仁七年（八一六）、高野山に道場建立の土地を下賜され、後の金剛峯寺へと発展することになる。この間、多くの教義書を著し、同一四年には東寺を朝廷より与えられ、都近くに真言密教の道場を開創することになった。承和二年（八三五）、高野山にて示寂。六二歳(29)。

時を経て、空海は庶民信仰の対象として、弘法大師の名で親しまれるようになる(30)。大師とは高僧に対する死後のおくり名で、必ずしも空海だけを指すわけではないが、こと庶民信仰という点ではほぼ同義と言ってもよい程である。

弘法大師信仰の特徴を挙げると、まず、「水」に関わる霊験がある。天長元年（八二四）に京の神泉苑において降雨の祈祷をおこなった事跡や、溜池の普請を指導したという伝承など、空海には水にまつわる逸話が多く残されているが、渇水で苦しむ人々のもとに大師が訪れ、雨を降らせたり、泉を湧かせたという伝承が各地に分布する。それから、巡拝による信仰形態がある。四国八十八ヶ所巡礼は空海の故地を回る巡礼であるが、各地に八十八ヶ寺に見立てた新四国八十八ヶ所が設けられ、小堂や石仏が巡拝の対象となった。弘法大師信仰が広く受け入れられた背景には、来訪神信仰という特有の信仰形態との習合が指摘されている。すなわち、禍福をつかさどる神は外界から訪れるという考え方があり、弘法大師の廻国伝承がそれに結びつき、大師が来村して恵みをもたらしてくれるという庶民の願望からさまざまな伝承が生み出され、信仰活動の背景になったというものである。

それでは、髙尾山における弘法大師空海にまつわる事柄を拾ってみたい。

三月二一日の御影供に関する最も古い記録は享保四年（一七一九）のものとなる[31]。御影供は真言宗寺院全体にとって重要な行事であった。御影供においては本末制度上の中本寺（田舎本寺）の下に末寺・又門徒が参集し、本末関係を再確認する儀礼的な性格を考慮すると、一七世紀中～後期の本末関係の編成期には定着した行事と考えられる[32]。もちろん、庶民参詣の対象となったような寺院に限られるものでもないが、髙尾山においては、多くの参詣者を集める祭礼でもあったことは先述の通りである。

旧暦の三月二一日は、新暦で言えば四月の末頃。現在、四月の第三日曜日は春季大祭が執行されている。昭和二年（一九二七）に刊行された『髙尾山誌[33]』には、四月二一日は御影供会、翌二二日に大般若が執行されるという記述がある。「遠近から集まる老若男女の数は夥しいもので、全山人を以て埋るかの盛況を呈する」と言い、盛大な行事であったことが偲ばれるが、本来三月であるはずの行事が、ここでは二一日という月命日とはなるものの、ひと月後ろにずらされているのは参詣客のことを慮ってのことだろうか。なお、現在では毎月の二一日は飯縄大権現の縁日となっている。

明治時代に遡るとどうか。明治二三年（一八九〇）に髙尾山内で御本尊の居開帳が実施された際の記録に、御影供の記述が残る[34]。四月二一日の記事に「例年ノ通り玄関ヨリ行列セリ、又稚子ハ八王子町三富ノ周旋ニテ四人登山ノ事」「楽人ハ九名ナリ」とあって、現在の春季大祭にも行われるような行事が実施されていたことがわかる。では、それ以前。江戸時代に遡るとどうだろうか。江戸後期に編纂された地誌『新編武蔵風土記稿』には、髙尾山の祭事に関する記述がある[35]。「年々三月廿一日祭事アリ。コレヲ御影供ト号ス。翌ル廿二日大般若ヲ転読ス。コノ二日遠近ノ人頗ル群集ス」とある。両日にわたる御影供と大般若の執行の記述は『髙尾山誌』の記述そのままであるが、日取りが異なっており、ここでは本来の三月二一日となっている。

官撰の『風土記稿』に対し、同時期に上梓された民間地誌である『武蔵名勝図会』があり、同じく八王子千人同心であった植田孟縉が編纂にかかわり、項目立てなどは近似しているが、記述には若干の異動があるのが関心を惹く。『名勝図会』には、同じ日付の祭事について「例年三月廿一日は大師の御影供会。この日はまた飯綱神祭礼として十二座神楽并に法楽あり。翌廿二日大般若執行。この両日近郷遠里より参詣群衆せり。」と記されている。「御影供」とは宗祖弘法大師空海の供養と明確にされており、同時に飯縄権現の祭礼もおこなわれていたということだが、『風土記稿』の記載から「大師」や「飯綱」の文字が洩れた理由は定かではない。

「参詣群衆」ということであるが、そのことは他の史料でも裏付けられる。髙尾山の麓、上椚田村の石川家によって書き継がれた日記には、多くの人が髙尾山へ訪れた旨の記述が度々見受けられる。享保一八年（一七三三）の「おひたたしき高尾参」、延享四年（一七四七）の「無終高尾参御座候」、宝暦五年（一七五五）の「おびたゞ敷高尾参り」は何れも三月二一日の記述である。つづいて、宝暦九年、安永六年（一七七七）、天明六年（一七八六）から同八年、寛政二年（一七九〇）と、同様の記述が見られる。記録は薬王院による日誌ではなく、あくまで近隣在住者の視点ということもあってか、毎年、御影供に関する記述があるわけではないが、江戸中期には、御影供に人々が群参する光景がある程度継続的に見られたと言ってよいようだ。

さらに年代を遡り、享保四年（一七一九）が、管見される御影供の記録として一番古いものとなる[36]。それによると、この年の三月二一日、髙尾山主と末寺住職ら十一名の僧侶によって御影供が執行され、麓の村人が宮番や札所の係を務めている。祭事の配役として料理人三名が名を連ね、当日の食事の献立も詳細に記録されている。関東地方の真言宗寺院において、弘法大師の御影供が門末あげての重要行事として執行されていたことは、江戸時代の早い時期から確認できるが、髙尾山では、享保の頃には多くの一般参詣者が訪れる一年の内でも最も賑わいを見せる祭日となり、同じ季節に現在も春季大祭がおこなわれているということになる。

文政期（一八一八〜三〇）の地誌類には、旧本堂の不動明王像と琵琶滝の上に安置されていた雨宝童子像を弘法大師の作とする記載がある。明治維新の神仏分離や災害による本堂倒壊などの転変を経た現在、それらの像の行末はよく判っていないが、飯縄権現堂や薬師堂とともに信仰の中心にあった本堂や、「水」にまつわる霊地に弘法大師の伝承が残っていたことになる。

現在、髙尾山内で最もポピュラーな大師ゆかりの史跡と言えば、山内八十八大師となる。明治三五年（一九〇二）に発願され、信徒や講中の寄進によって翌年完成した(37)。その勧進の文面には、四国への巡礼が叶わない人々のため云々と謳われており、まさに髙尾山版の新四国八十八ヶ所であった。また、現在の大本堂の脇に大師堂と呼ばれる小堂があるが、これは、元の大日堂を明治三四年の大本堂建立の際に移設したものである。名称変更の時期や理由は詳らかではないが、八十八ヶ所建立から間もない時期に作成されたと推定される山内絵図には「大師堂」の名称が見られる(38)。この時期、意図して宗祖空海の存在が強く打ち出されたことを指摘することができるだろう。

三　人々が求めた現世利益

護符に見えるさまざまな利益

今日、髙尾山の札所には「家内安全御祈祷之札」「開運守」「厄除守」「火防守」「病気平癒守」「学業成就守」など、さまざまな利益を掲げた護符が並んでいる。謳われる利益もその時々における人々の願望を反映して変容してゆく。ここでは、江戸時代における髙尾山の護符について管見の史料を見てみよう。

薬王院文書の中には、「年々諸用記」という江戸時代の中頃に使用された備忘録のような帳面がある(39)。最も古い記載は享保元年（一七一六）のものだが、同四年のある頁に御札に関する記載がある。この年の三月二一日に弘法大師の御影供が執行された際の寺僧、奉公人、近隣の手伝いの人々の役割分担に関する記事には、札所を担当する者の記載があり、すでにこの頃には御影供に参詣した人々が御札を授与されていたことが分かる。また、後年の文化六年（一八〇九）「江戸田舎日護摩講中元帳[40]」にも、参詣の際、護摩札が授与されるという記事がある。護摩札は護摩供の施主となった証として授与される札である。なお、その護摩札は、後段に述べるように、薬王院の使者によって定期的に護摩壇家の許に届けられてもいた。

「年々諸用記」の記事に戻ると、他に御札の在庫数を記した頁もある。まず、四月一八日の記載だが、そこでは「本判江戸札」「本判江戸守」「田舎」という分け方で在庫数が集計されている。この帳面には、享保元年の一年間の賽銭を集計した記載もあるが、そこには別途江戸での賽銭収入がある旨を記している。後の寛政一二年（一八〇〇）には、江戸で髙尾山の偽の護符（史料上の表記では「琹」）が出回るという事件が発生するが[41]、この「江戸札」「江戸守」という記載からは、すでに享保の段階で江戸に出張所が設けられ、そこで護符の類が授与され初穂料が納められていたことがわかる。近郊の寺社にとっては、江戸は巨大な信徒獲得基盤であった。

十二月の大晦日には利益ごとに御札の数量が分かるような記載があり、「泉札」「火伏《ほぶせ》」「午王（牛王）」「蚕守」といった名前が見える。髙尾山飯縄大権現の利益としては、寛政一二年（一八〇〇）の「髙尾山薬王院明細書付」には「（飯縄）権現ハ本地不動明王の垂跡にして、悪魔降伏のため異形を出現し、国家安全・武運長久・五穀豊饒・万民快楽のため、別してハ開運・火防・息災・延命を司り給ふ神なり」と謳っている。「火伏」はそこでの利益に合致するが、「泉札」以下は、特に農家にとって重要な利益である。その一方で、縁起などに謳われる病気平癒云々に相当するものが見当たらないが、これらの護符類とは扱いが別であったかその理由は今のところ不明である。

「泉札」は水にまつわる利益となる。近隣の村々が髙尾山で雨乞をおこなった記録があるが、水を呼ぶ霊験は弘法大師信仰にまつわるものでもある。「牛王」は虫害除の護符でもあり、「蚕守」はその名の通り生糸を採取するための蚕を鼠などの害から守るものである。これらの利益は、髙尾山の信仰圏の中心をなす関東平野西部及び甲斐郡内地方における農家の切実な願望を如実に反映している。

一方、江戸では、特に火難除の需要が高かったようで、「火伏」の在庫数が目立つ。また、先述の「江戸田舎日護摩講中元帳」の記載には、「安全包札」が町方の商家へ、「武運包札」「武運長久」の板札が武家檀家へ配札された旨、また、「家運長久」「家内安全」の板札や「町内安全」板札という記述が見られる。

病気平癒

先の「高尾山薬王院明細書付」には「息災・延命」、年不詳「長日大法護摩講勧誘牒」(42)には「難渋旧痾を癒し、匪持寿命を延し」と謳われているが、江戸時代における様々な利益の中でも、「病気平癒」の祈願が目を惹く。

江戸中期には、中興伝承にまつわる飯縄大権現がクローズアップされるようになるが、薬師如来も本尊として崇拝されていた。「薬王院」という寺号の所以としても、その辺りの関係が偲ばれる。さて、そもそも髙尾山薬王院は僧行基による薬師如来の安置という開基伝承を持ち、それから過ぎること約八百年、戦国時代の永禄三年(一五六〇)、北条氏康による髙尾山薬師堂への修復料寄進状が髙尾山信仰に関する最も古い史料となる。薬師如来は薬師瑠璃光如来、一名、医王とも称され、阿弥陀信仰や地蔵信仰に顕著な来世の救済とは別に、病気を治すという現世利益をもたらす仏として人々の信仰を得た。病気平癒は薬師信仰に直結する利益である一方、飯縄大権現とその本地仏である不動明王もまたそれを利益としていた。

さて、当時の人々にとって、病気とは、また、それを治すとはどのような事であったのだろうか。今日では、多くの病気がその原因を特定されており、例えば、風邪をひいたらそれはウイルス感染のせいだというのは常識となっている。鼻水が出たり発熱するのはウイルスに対する抵抗反応で、そのために発汗したりということも自明だが、江戸時代においてはそうした事は全くわかっていなかったわけで、西洋医学が入ってきても、それが普及するまでには時間がかかった。ある日、突然、悪寒がし、頭痛がし、下痢が始まり、ということがいかに驚異であったか、現代人の感覚ではなかなか推し量ることはできないだろう。科学的な知識を持たない当時の人は、それは悪魔や疫病神のしわざと考え、神仏にはそれを祓う力があると考えていた。「悪魔降伏」を使命とする飯縄大権現もまた、当時の人々の考え方としては、病気をもたらすものを退散させてくれる神であった。

薬王院文書の中には、護摩札の配札を受ける永代施主を書き上げた「永代日護摩家名記」という帳簿がある。すべての施主についてではないが、護摩供を依頼するようになった理由が付されており、それに着目してみたい。

寛延二年（一七四九）から施主となった武蔵国高麗郡平松村（現埼玉県飯能市）小久保兵蔵の場合は「妻大病之節、護摩相願、早速平癒為御礼」、同年の八王子大横町橋本吉右衛門も「妻大病、早速平癒ニ付」とあり、病気にあたって護摩供養をおこなったところ、それが快癒したという事例がならぶ。天明二年（一七八二）二月一日の入間郡長瀬村（埼玉県毛呂山町）からの護摩依頼も旗本久貝忠左衛門正甫の「病気為快気」。しかし、正甫は四月十四日に死去。今わの際の依頼だったが快気は叶わなかった。

宝暦一〇年（一七六〇）付の多摩郡関戸村（現東京都多摩市）井上亀寿郎は「三歳疱瘡願之御礼」として子息のために護摩供を依頼している。今日では根絶された疱瘡（天然痘）は罹患すると死に至ることも多く、特に子どもにとって生育上の一大試練だった。髙尾山の場合、紀伊徳川家や尾張徳川家からも疱瘡守の依頼が来ているが、子どもの疱瘡除を寺社に祈願する例は枚挙に暇がなく、大名家にとってもそれは切実な問題であった。このように、この帳簿の記載では、祈願の目的が記されたもの全てが「病気平癒」となっていた。同時期に、利益として雨乞いや火伏せ、蚕守などもあるが、こと護摩供に関しては病気平癒が理由であったようだ。

後年、安政五年（一八五八）に薬王院が江戸に出府した際には、何人かの信徒宅を訪れて病気平癒の加持祈祷をおこなったという記録もある。[43]

江戸後期に成立した地誌類には、高尾山が病気を治す神仏の山であることを具体的に記す文章がいくつか見られる。『武蔵名勝図会』には、参道際に「御手洗水　往来の傍なる樹根の凹みの中に清水あり。薬師の御洗水とて、参詣の貴賤各々この水を以て目を灌ぐ。」とある。同じ場所に関する記載として、『八王子名勝志』(天保七年・一八三六以降成立)では、「御加持水　往還の左側にありてブナの樹より空《うろ》より出る」としている。さらに、この木に関する記事は、昭和二年(一九二七)刊行の『高尾山誌』にも「めぐすりの木」として記述がある。「この樹の皮を煎じて眼病を洗ふといゝと云ふ。今は路を廣げられた為め昔の俤は無いが、以前はこの樹の根の凹の中に溜る清水は薬師の御手洗と呼ばれて、眼病に効験著しいと云ってこの水で眼を洗ったものである」という。記事に言う「薬師の御手洗水」の位置は、今となっては詳らかではない。江戸後期の地誌類と、この『高尾山誌』には相通ずるものが散見されるが、昭和初年当時と今日との断絶を感じさせる。なお、カエデ科の「めぐすりのき」は、高尾山に自生する木としてガイドブックなどにも取り上げられている。

一方、当時の宗教者が、全く科学的な根拠なしに病気の平癒を念じていたかというと、そうとも言いきれない。野山に分け入って修行する修験者にとって、生きるために様々な植物を食用・薬用にもちいる術は不可欠だっただろう。実際、山岳信仰の霊山では、木曽御嶽の百草丸や高野山の大師陀羅尼錠など、オオバクやゲンノショウコといった薬草を原料とする整腸剤が売られているのを見かける。薬王院文書の中にある「年々諸用記」という帳面には、享保二年(一七一七)一〇月一三日の項に、「和人参取」という記事が見られる。また、『武蔵名勝図会』には「黒門辺の深谷に」「薬品の草木おのずから生じて、殊に吉野直根と称する人参あり」「この人参の生ずる地は一ヶ所なり」と記されている。「黒門」は現在の四天王門の位置にあった門で、その辺りの「深谷」とは、杉の巨木が並木となっている参道の南側の谷底ということになるだろうか。現在では、朝鮮人参が強壮剤としてよく知られているが、当時、同様の薬効を持つ人参が高尾山で採取されたということのようである。

江戸の人、竹村立義による紀行文『高尾山・石老山記』（文政一〇年・一八二七）には、琵琶滝での垢離について「諸病に験有とて近歳殊外流行」と記されているが、琵琶滝での滝行は狂疾に効があるものという認識もあった[44]。

これらの事からは、髙尾山信仰に対し「病いを治してもらう」という大きな期待が人々から寄せられていたことがうかがえる。実際、江戸時代における寺社への祈願として病気平癒は大きな位置を占めていたと言えるが、髙尾山の場合特にそれが顕著であったと言えるだろう。

蚕守護

時代とともに人々の求める利益が移り変わる中で、「蚕守」という御札は象徴的な存在である。髙尾山最寄りの八王子は一名「桑都」と呼ばれている。桑は蚕の飼料。すなわち、養蚕によって生み出される生糸と絹織物の一大集散地が八王子の町であった。今日では養蚕を生業とする農家は僅かになってしまったが、多摩地域の旧家を訪れると、昔は養蚕をおこなっていたという話をよく聞く。髙尾山の信仰圏の広がりを知る方法として、護摩供養の施主となり定期的に護摩札を受け取る檀家の分布を調べると、地元多摩の在住者が半数を占める。四分の一が江戸だが、残りの四分の一の内訳からは興味深い傾向が見えてくる。檀家が集中しているのは、山梨県の東部地方、埼玉県の中西部、そして、群馬県南部ということになるが、これらの地域に共通する事柄は、江戸時代から近代にかけて、何れも養蚕が盛んな土地であり、郡内織、秩父銘仙、伊勢崎銘仙、桐生織といった絹織物の産地を抱えていたことである。

文化六年（一八〇九）の「江戸田舎日護摩講中元帳」をさらに微細に見てゆくと、陸奥国棚倉郡伏黒村（現福島県伊達市）、上野国佐位郡島村（現群馬県伊勢崎市）、同緑野郡上大塚村（現群馬県藤岡市）といった村名が出てくる。これらの村々は、養蚕地帯の中においても、蚕の卵である蚕種を扱う土地であった。蚕種を扱う商人は、産地間を頻繁に往来するとともに、商人同士の横の連係も強かったとされている[45]。現在のところ、髙尾山の護摩檀家の中で蚕種取引に携わっている者は八王子宿の蚕種問屋である糀屋が判明しているのみだが、(46)信徒の中には八王子近在で織物を扱う商人の名が多く確認できる。(47)こうして見ると、生糸生産従事者から産地の仲買商人、一大消費地である江戸の三井越後屋や伊豆蔵まで、絹織物の生産・卸・販売に至るプロセスに関わる人々が髙尾山の護摩檀家の中に多数存在することに気がつく。そうした人々が「蚕の守護神」を媒介に結びついたということが想定できる。

享保年間（一七一六〜三六）の記録には「蚕守」という名称が見られ、他の札と遜色のない数量が帳簿上に記されており、この頃には髙尾山の蚕守護はよく知られた存在となっていたと考えられる。時代は一世紀ほど下るが、『武蔵名勝図会』の薬王院の項には「鼠口留秘符」という護符に関する記述があり、「薬王院より出す。鼠、家財を傷ることあるとき、そこへ置けば、必ず出でず。又、養蚕のとき鼠の蚕を食うことあれば、この符にて鼠出でずといえり。」と説明されている。この護符の名称は、昭和二年（一九二七）刊行の『高尾山誌』にも出てくるので、文政以来一〇〇年以上にわたって授与され続けてきたことになる。同書は、「鼠口留秘符は特に、鼠害を防ぐに顕然であるから遠近の養蚕家が争ってこれを受けて帰る」と記しており、当時はまだ養蚕業の健在な時代であったということがわかる。

幕末、横浜開港とともに、生糸輸出は飛躍的に増加し、八王子はその集積地としても繁栄を謳歌したが、それから約一世紀、我が国の基幹産業は繊維を中心とする軽工業から、鉄鋼・機械といった重厚長大産業へと移り、それ以前に農村を基盤とする第一次産業の衰勢は顕著だった。その間、蚕の守護神としての髙尾山像も変化を余儀なくされたということになる。

四　高尾山と富士信仰

富士山の遥拝所

高尾山頂からは年の瀬も押し詰まった冬至の前後、富士山の真後ろに沈む夕陽を見ることができる。このことは、高尾山が古くからの信仰の地であったことについて大きな示唆を与える。太陽信仰に由来する冬至の祭儀は、日本では霜月祭として「終わり」を「始まり」に転ずる儀式の意味を持ったと言われている。ただ富士を眺められるばかりではなく、冬至の日に何か特別な現象が起きるという点で古式の祭儀に関連する場所である可能性が指摘できる。実際、高尾山奥ノ院の裏手には富士浅間大権現が祀られており、昔は浅間社自体が奥ノ院であって、そこから富士を望むことができたと言われている。

富士山に対し人々が古くから特別な感慨を抱いていたことは「万葉集」収録の古歌にも多く詠まれていることからもわかる。信仰という性格は、『日本文徳天皇実録』の仁寿三年（八五三）の一項に見える「浅間神」の神名、『日本三代実録』が貞観年間（八五九〜七七）の噴火を「富士郡正三位浅間大神大山火」としていることなどに表れているが、富士山は荒ぶる火山神と認識され、その「鎮め」のために祀られた富士浅間本宮の分社である浅間社は、富士山を中心として各地に分布し、元来、遥拝所であった場所から発展したと解釈されており[48]、高尾山上に浅間社が祀られていることにも符号する。

戦国期の富士浅間勧請

高尾山上の浅間社の濫觴として、勧請の伝承が『八王子名勝志』に「小田原記異本」を典拠とする記事として残る。

それによると、(戦国時代に) 甲州・武州が乱国となり国境に関所ができ、富士山へ参詣する宿路が塞がれてしまったので、甲州吉田 (現富士吉田市) の御師 (宿坊経営の宗教者) たちは渡世に困り策をめぐらした。武蔵国八王子に髙尾山という行基菩薩開山の地があり薬師如来が本尊である。ここへ富士山の浅間大菩薩を勧請した。吉田の御師はみな八王子へ移り、富士浅間が髙尾へ飛びたもうたと披露した。東北・関東から、長年関所によって参詣できなかった道者らがこれを聞いてことごとく参詣し、八王子髙尾山はたちまちに繁昌した、ということである。

吉田の御師の主導というなかなか興味深い説であるが、本来の「小田原記」にこの記述は確認できず、真偽の程は何れとも知れない。しかし、細部はともかくとして、戦国という情勢が勧請の背景となったという、おおよその図式は言い当てていると考えてよいかと思われる。一説に、髙尾山の浅間社は小田原後北条氏によって勧請されたものとも言われている。確かに北条氏と武田氏の抗争によって小仏峠の西方がその最前線となれば、関東方面からの参詣路は閉ざされてしまい、髙尾山への信心厚かった北条氏がそれを考慮したことが考えられる。

富士山に対する庶民参詣が興隆したのは、何と言っても江戸時代のことになる。戦国の末、江戸の富士講の開祖とされる長谷川角行は、乱世が鎮まり人々が救済されることを祈念するため諸国を巡る内、富士山を修行の場に選び、徳川氏によって江戸の街づくりが始まると多くの人々に教えを広めたと言われる。富士信仰が盛行となるのは江戸中期のことで、享保一八年 (一七三三) に食行身禄という行者が富士山七合目付近で入滅したことが契機となり、身禄の弟子たちによって多くの富士講が組織されたとされている。そして、一八世紀以降、庚申の御縁年を中心に富士参詣行が盛んになった(49)。

薬王院文書の中には、この身禄の入滅に先立つ享保四年 (一七一九) 六月二日付の記録として「冨士参詣泊り」というものがある(50)。後世、富士参詣の途上において髙尾山に参籠する行程が記録に残るが、すでにこの頃からそうした事例があったことを証明する貴重な記録である。この時は五二人という大勢が宿泊し、毎年泊まっている者もあると記されているが、当時の富士参詣行としては人数が多すぎる。参詣講中の結成は、費用の互助と参詣の継続を目的とし、代表者を選出して参詣する代参講という形式が一般的であった。その意味では、五二名全員が最終目的地の富士山まで行くわけではなく、途中まで同行する者が数多くあり、その中には毎年髙尾山まで同行する人物があったという解釈ができる。甲州道中の小名路の追分から髙尾山への参詣路は南に入るが、追分を直進すると駒木野の関所がある。そういう意味では髙尾山は江戸の人々が関所による通行の制約を受けずに辿りつける西端とも言える。また、江戸初期に駒木野に関所が移る以前は、小仏峠が関東平野と甲州方面を隔てる交通上の分水嶺であった。この宿泊の記録は、講中が髙尾山上で揃って富士を拝み、代参者を送り出して帰途についたという後世の伝も裏付けている。

富士講と髙尾山

髙尾山が富士参詣と密接に結びついていたことを示唆する興味深い研究がある。

東海道を経由し静岡側の須走口から登山する者の宿泊記録に関する研究によると、宿泊者の居住地は江戸、相模南部・下総・上総・安房という関東東南部が中心となっている。一方、薬王院文書からわかる髙尾山護摩檀家の居住圏は、甲斐・相模北部・武蔵・上野という関東西北部が主となっており、先の須走口からの登山者の居住地と見事に表裏の関係をなしている[51]。これはすなわち、甲州道中を経由して吉田口から登山する富士参詣者の居住地が、髙尾山の配札圏とぴたりと重なることを意味している。

また、薬王院文書の中には、江戸の富士講との関わりを示す事例がいくつも見られる。

文政四年（一八二一）の内藤新宿太宗寺の出開帳においては、髙尾山主一行の江戸入りを富士講中が出迎え、それは「御府内在々迄不残也」という大々的なものだった。また、開帳場には富士講中からの奉納物があり、富士信仰に特徴的な儀式である「お焚き上げ」がおこなわれたことも示唆されている[52]。この出開帳に関わった人物として足袋屋清八という人物の名が挙がる。清八は民間宗教者として『享和雑記』や『耳袋』といった史料にも登場する当時としてはよく知られた人物で、髙尾山へ唐銅五重塔を奉納したり、周辺に髙尾山道の道標をいくつも建立するなど、なみなみならぬ貢献をする人物だが、彼は富士講の先達という顔も持ち合わせていた。富士講中の人間が髙尾山主の出迎えに残らず集まったという理由として清八の影響力も考えられる(53)。

明治に入った後も、浅草で火災があり被災した富士講世話人へ薬王院から見舞いが届けられたり、明治二一年(一八八八)の東京出開帳においては、御本尊の行列に多くの富士講信者が参加した記録もある(54)。この出開帳の記録には、多数の〇〇講という名が見えるが、当時、ひとつの代参講が複数の寺社・霊山を参詣することは珍しいことではなかった。これらも富士と髙尾と双方に参詣する講中であったことが想定される。そして、現在もなお「両山講」と名乗って髙尾山・富士山双方に登山する講中がその伝統を受け継いでいる。

註

（1）法政大学多摩図書館地方資料室委員会編『髙尾山薬王院文書』一（法政大学、一九八九）一号文書。以下、本史料集は『髙尾山薬王院文書』一のように省略して表示する。
（2）下山治久『八王子城主・北條氏照』（たましん地域文化財団、一九九四）所収八六号文書は北条氏照が富士参詣のための領内通過を許可する朱印状写である。
（3）『髙尾山薬王院文書』一―七号文書
（4）『髙尾山薬王院文書』一―一・九号文書
（5）『髙尾山薬王院文書』一―八四号文書
（6）国立国会図書館蔵『八王子名勝志』（天保七年・一八三六以降成立）
（7）『髙尾山薬王院文書』三―六二二号文書
（8）『多波の土産』（文政十一年・一八二八・『多摩文化』一三、一九六四）に落合口留番所に関する記事がある。

（9）『髙尾山薬王院文書』一―四一号文書
（10）北島正元校訂『武蔵田園簿』（近藤出版社、一九七七）
（11）『髙尾山薬王院文書』二―五三三号文書
（12）吉岡孝「高尾山における放生会について」（『多摩のあゆみ』五一　多摩信用金庫、一九八八）
（13）薬王院と紀州家の関係について概観した論考として、安田寛子「高尾山薬王院と紀州藩―薬王院文書の書簡と由緒書を中心に―」（村上直編『近世髙尾山史の研究』名著出版、一九九八）がある。
（14）『改訂石川日記』（一）（二）（三）（八王子市教育委員会、一九九一）
（15）小町和義「高尾山の建築について」（『多摩文化二四号武州高尾山その自然と歴史』多摩文化研究会、一九七四）
（16）『髙尾山薬王院文書』二―五〇七号文書
（17）『石川日記』（五）～（七）（八王子市教育委員会、一九八三～八五）
（18）植田孟縉著・片山迪夫校訂『武蔵名勝図会』（慶友社、一九九三新装）
（19）『髙尾山薬王院文書』三―七〇七号文書
（20）『髙尾山薬王院文書』二―二五九号文書
（21）前掲註（6）に同じ。
（22）『髙尾山薬王院文書』三―六二二号文書
（23）『髙尾山薬王院文書』一―四一号文書
（24）元禄一五年（一七〇二）の常法談所復興願い（『髙尾山薬王院文書』一―五八号文書）は、擯出の理由として延宝の火災からの復興に言及している。
（25）前掲註（15）小町論文参照。
（26）『髙尾山薬王院文書』一―七三号文書
（27）宮田登『江戸のはやり神』（ちくま学芸文庫、一九九三）
（28）「年々諸用記」という備忘録（『髙尾山薬王院文書』三―五八九号文書）に享保元年（一七一六）の一年間の賽銭の集計があ

るが三月の額が突出して大きい。

(29) 空海の生涯については、高木訷元『空海　生涯とその周辺』(吉川弘文館、二〇〇九)を参照。

(30) 日野西真定編『民衆宗教史叢書一四　弘法大師信仰』(雄山閣出版、一九八八)

(31) 前掲註(28)「年々諸用記」

(32) 拙稿「第六章寺院と神社　第一節江戸幕府の寺社支配」(『袖ヶ浦市史』通史編2近世、二〇〇一)

(33) 逸見敏刀『高尾山誌』(上田泰文堂、一九三七)

(34) 『髙尾山薬王院文書』二―五二七号文書

(35) 国立公文書館蔵

(36) 前掲註(28)「年々諸用記」

(37) 『髙尾山薬王院文化財調査報告』(東京都教育委員会、二〇〇三)所収五檀信徒④檀信徒一般八号文書

(38) 明治三九年(一九〇六)カ「武州髙尾山境内全圖」(八王子市郷土資料館『案内図にみる多摩陵・高尾と八王子』八王子市教育委員会、二〇〇六)

(39) 『髙尾山薬王院文書』二―五八九号文書

(40) 『髙尾山薬王院文書』二―五〇九号文書

(41) 『髙尾山薬王院文書』三―五九一号文書

(42) 『髙尾山薬王院文書』二―五三四号文書

(43) 『髙尾山薬王院文書』三―六一〇号文書

(44) 国立国会図書館蔵

(45) 落合延孝『幕末民衆の情報世界：風説留が語るもの』(有志舎、二〇〇六)

(46) 文政一〇年(一八二七)「諸国道中商人鑑」(山梨県立図書館蔵)

(47) 正田健一郎『八王子織物史』上(八王子織物工業組合、一九六五)

(48) 浅間神社については、遠藤秀男「富士信仰の展開と浅間信仰の成立」(平野榮次編『民衆宗教史叢書一六　富士浅間信仰』雄

山閣出版、一九八七）を参照。
(49) 岩科小一郎『富士講の歴史　江戸庶民の山岳信仰』（名著出版、一九八三）、平野榮次編『民衆宗教史叢書一六　富士浅間信仰』（雄山閣出版、一九八七）、平野榮次『富士信仰と富士講』（岩田書院、二〇〇四）など。
(50) 前掲註（28）「年々諸用記」
(51) 青柳周一「須走御師帳の研究―御師宿泊業経営の実態とその文書機能についての考察―」（『小山町の歴史』九、一九九六）
(52) 『高尾山薬王院文書』二―五一〇号文書
(53) 希代の民間宗教者足袋屋清八の動向については吉岡孝「近世後期における寺院の新動向と社会変容―紀州藩・薬王院・足袋屋清八―」（『法政史学』四六、一九九四）に詳しい。
(54) 明治二一年（一八八八）「高尾山東京出開帳日記」（佐脇貞憲編『黙堂範真和上雑纂』海住山寺、二〇〇四）

第三章　髙尾山信仰圏の構造

社寺参詣史の研究において、その信仰圏の構造解明は地域史との関わりからひとつの普遍的な課題である。[1] その寺社・霊山の信徒あるいは参詣者が分布する範囲の広がりは、寺社・霊山からの遠近にもより、取り結ぶ関係にも差異が出、また、地域的な特質が何らか信仰圏の構造に影響を及ぼしていないか、といった点が着目されるが、本章では髙尾山信仰についてその解明を試みたい。

一　髙尾山信仰圏の形成

髙尾山周辺の交通路

髙尾山信仰の展開を考える上で、関東平野の西南端に接する位置という立地条件への言及は不可欠である。髙尾山が、関東山地の南端を横切り関東平野と甲府盆地を往き来する交通路―甲州道中―の至近に位置するということが、髙尾山の歴史にさまざまな影響を与えたことは言うまでもないだろう。

北の峰続きにある小仏峠は、関東平野の南西玄関とも言える場所である。西進し大月から南西に入ると間もなく富士山の北麓に至る道は、東北・関東中北部から吉田口経由で富士山へ登るルートでもあったが、戦国時代には小仏峠上に関所が設けられており、小田原北条氏と甲斐武田氏の勢力圏が接する領域だった。両者の関係が良好な時には、富士登山者の通行も確認できるが、両者の抗争によって小仏峠以西への旅行が困難になったことから、天文年間（一五三二〜五五）に北条氏が富士浅間神社を髙尾山上に勧請した、あるいは、吉田口の御師が移住してきた、といった伝承もある。(2)

小仏峠は関東平野と甲府盆地をつなぐ隘路口を扼する重要な軍事拠点であった。北条氏による高尾山の山林保護は、一面、軍事的な思惑をともなうもので、実際、豊臣秀吉の来攻に備え、高尾山から切り出した資材で峠の防備を固めたということもあった。(3) やがて、江戸時代に入り庶民参詣が定着した後も、その経路は髙尾山にとって重要な意味を持ちつづけることになる。

さて、北条氏が滅亡した後、徳川家康が関東に入封するが、領国支配の実務を担った代官頭の一人・大久保石見守長安は、支配拠点として八王子に陣屋を構え、江戸との間を結ぶ街道の整備を構想する。さらに、関ヶ原合戦の後、甲斐国に徳川氏の直轄領が配されると、その街道が延伸されることになる。甲州道中の宿駅は慶長九年（一六〇四）以降、順次整備が進み、甲府を経て中山道に合流する下諏訪宿まで延長されたのは同一五年頃とされるが、各宿の成立年代の詳細には諸説がある。(4)

やがて、江戸は政治経済の中心地として一大人口集住地に発展する。社寺参詣という文化的営みもまた、江戸のような先進都市の住民が最初にその担い手となるわけだが、髙尾山信仰の発展において彼らの果たした役割も小さくない。高尾山が甲州道中によって江戸と結ばれていたことが、後々、信仰圏形成において地元八王子周辺と江戸という二つの核を持たせる要因となった。また、江戸―八王子間の各宿とその周辺村、西方の甲斐国東部にも少なからぬ護摩檀家が集住することになる。

高尾山の信仰圏拡張に重要な役割を担ったと評価できるもう一本の経路に日光脇往還がある。八王子の大横町で甲州道中から直角に分岐して北方へ延びる道で、八王子側からは「日光往還」「日光道」と呼ばれ、日光側からは「八王子道」とも呼ばれた。箱根ヶ崎（現東京都瑞穂町）から坂戸、松山（現埼玉県東松山市）、行田、館林、佐野、今市を経て日光に至るこの道は、八王子千人同心が日光勤番の際往復した道としてもよく知られている[5]。

信仰圏構造の想定

高尾山の信徒分布は、俗に「関東九州」と言って、関東八ヶ国に甲斐国を加えたものと言われているが、史料に基づく実態としてはどうだろうか。

高尾山の信仰圏を表わす一つの指標として、護摩札の定期的な配札を受ける護摩檀家の分布範囲が想定できる。文久三年（一八六三）付の「配札順路小遣帳[6]」からは、薬王院の使者が護摩札を配札した具体的経路がわかる。配札は最寄りの八王子から始まり、いったん東行して日野、久我山（現杉並区）、天沼（同）と甲州道中を進み、江戸を経由して中山道に入る。根岸村台（現埼玉県川口市）から鴻巣、熊谷、深谷、本庄と上野国近くまで北上、ここで折り返して日光脇往還に入り、途中、川越へ立ち寄った後、八王子に戻っている。

これを遡る文化六年（一八〇九）の年次が表紙に記された「江戸田舎日護摩講中元帳[7]」に記されたその当初の護摩檀家の分布を見ると、半数の六百名余りが多摩郡西部の在住者となっており、さらに半数の三百名が江戸の在住者である。武蔵中北部では高麗郡・入間郡といった日光脇往還沿いの村々に分布が濃く、上野・武蔵の国境付近にも檀家の集住域を示すことができる。また、西方の甲斐国東部にも分布が見られるが、南方に目を転ずると相模国では津久井県と高座郡の北部に僅かに分布するのみで、これは多摩郡西部とほぼ同義である。関東でも東部となると、上総国に僅かの分布がある他は、これまでに挙げた地区に較べるとほとんど所在しないと言える規模である。

すなわち、第一段階として多摩郡上椚田村・上長房村といった高尾山最寄りの村々があり、八王子宿を含むおおよそそれ以西の多摩郡域と相模国北部といった周辺部が第二段階の広がりとなる。同心円的な広がりとは別に江戸に大きな核があり、その間をつなぐ甲州道中沿道の村々。八王子から日光脇往還を北上した武蔵国中央部の村々と、甲州道中を西に行った甲斐国東部。さらにその外側に位置する分布圏として上野・武蔵国境付近、甲斐国勝沼周辺が外縁部と位置付けられる。

こうして見ると、東西に延びる甲州道中、北行する日光脇往還が中山道にあたったところから北西方面へ進む交通路を幹とし、枝葉が広がるように信仰圏が形成されていたという傾向が見られる。髙尾山を中心とする同心円的拡がりが一定進んだ位置で、江戸という大都市という要素が加わり、後は江戸周辺の交通環境がその拡がりに影響を与えていると想定することができる。文化の講中元帳やその他の檀家帳の分析による、さらに詳細な信仰圏拡張の状況は後段であらためて考察の機会を持ちたい。

二　周辺地域における髙尾山信仰

麓村々

関東一円に信仰圏の広がる髙尾山だったが、遠隔の地に居住する信者がある一方、やはり地元多摩に強固な地盤を持つのが特色だった。そして、当然、地元村々にとっての信仰対象としての一面も持っていたが、髙尾山信仰圏を分析するにあたって、まずはその直下の地点から見てゆきたい[8]。

江戸時代における髙尾山最寄りの村々としては、武蔵国多摩郡上椚田村と上長房村があった。上椚田村は髙尾山の東南方に広がる村で、『旧高旧領取調帳[9]』によると幕末段階の村高は九六一石余、原宿、川原宿、案内の三組に分かれ、髙尾山最寄りの案内村は山がち、東方の原宿あたりは開闊地となり耕地もかなり開けている。江戸前期の『武蔵田園簿[10]』には、同村の項に髙尾山飯綱社領七五石が記されている。上長房村は同じく村高一六四石余、髙尾山の北側に甲州道中に沿うように広がっているが、耕地は乏しく山がちの村であった。

薬王院は、本末関係の内では末寺・門徒寺院・又門徒寺院計一七ヶ寺を擁する中本寺（田舎本寺）だった。中本寺の経営は、葬祭檀家に依存せず、寺領からの収益や末寺・門徒からの奉納金を経営基盤とするのが一般的な見方であるが、薬王院は、享保五年（一七二〇）の段階で、上椚田村に三四軒、上長房村にも五軒の葬祭檀家を持っていた(11)。中本寺であり、また、多くの参詣登山者を集める霊山・祈祷系寺院でありつつも、地元においては村落寺院的な側面を持っていた。これらの檀家は、開帳をはじめ髙尾山内の諸行事において重要な役割を果たすことになる。

さて、江戸時代の村々では、基本的には一村に一鎮守という形で神社を祀っていた。実際には集落ごとにも神社が祀られていたが、一社はその村の「鎮守」とされる神社があり、これは集落をいくつかまとめて一村とした村請制と表裏をなす。大きな村の場合、いくつかの組に分かれ、個々の組でも「鎮守」を祀り、村全体の総鎮守を頂く場合もあった。一方、寺院の場合、必ずしも一村に一ヶ寺ではなく、複数の寺院が葬祭檀家を分け合っており、檀那寺が他村にあるという家も珍しいことではなかった。同じ宗教施設であるはずの神社と寺院の違いは、宗門人別改の有無となる。神社の場合、村としての鎮守祭祀、寺院の場合、個々の家と寺院との寺檀関係という色分けができるが、ある特定の村人にとっての宗判寺院が、一村の鎮守の別当を務めるというような、やや複雑な状況が現出していた。すなわち、自らの檀那寺が鎮守の祭祀を勤める家と檀那寺ではない僧侶に鎮守の祭祀を委ねる家の双方が存在することになる。神仏習合と言っても、この微妙なずれが神社財産の進退をめぐる争論を引き起こすこともあったが、概して当時の人々はそうした状況を普段のものとして受け入れていたようである。髙尾山の場合も、その点、神社か寺院かという区分が難しいが、薬王院の葬祭檀家となっている人々もあったというのは先に述べた通りである。

上椚田村や上長房村はそれぞれが鎮守を頂いており、髙尾山飯縄大権現の場合、両村にとっての一村の鎮守ではなく、また、多くの村人にとって檀那寺でもなかったが、近隣村々の「非公式」な総鎮守的存在でもあった。上椚田村の石川家に残された日記には髙尾山と村との関わりについての記事が散見されるが、いくつか具体例を抜き出してみたい[12]。

寛保二年（一七四二）一一月二七日
「疫病ほこり候故高尾ニ而護摩仕候」
寛延四年（一七五一）三月一五日
「此日より三日椚田中惣氷祭高尾山ニて護摩興行」
明和七年（一七七〇）六月九日
「照り過無水故椚田中高尾へ雨乞」

髙尾山に対する信仰活動として、疫病除、雹《ひょう》害除、雨乞といった祈祷がおこなわれていた。日照りによる雨乞などは、村の鎮守への祈願では成就しない場合、さらに遠方の著名な寺社に出向くといった慣習があったが[13]、上椚田村の人々にとっては、自村の鎮守の次の次元に髙尾山という存在があったということになる。

享保一四年（一七二九）一〇月八日
「此日より三日之内高尾山棟上祝村々被呼候」
享保一六年（一七三一）二月一七日
「村中高尾へ道造りニ上り申候」
元文三年（一七三八）三月二十二日

「此日いつな様江戸へ開帳ニ御出八王子迄送り」

宝暦一〇年（一七六〇）六月八日

「暮合高尾山へ夜盗催ニ付早鐘椚田中人足高尾迄参申候」

村と高尾山との関わりは宗教行事ばかりではなく、人足役の提供や、行事への協力、また、それに対するお礼の振舞などさまざまな互酬関係があった。そこからは、地元の人々による、高尾山は自分達にとっての信仰対象であるという意識が強く感じられる。これらの関係の詳細については第八章で詳しく取り上げる。

上椚田村と薬王院との関係で興味深い事例を一件紹介しておきたい。甲州道中から高尾山参道に向かい脇道に入った場所に、土地の名を冠した落合口留番所があった。『新編武蔵風土記稿』（文政五年・一八二二「多磨郡之部」成立）には、この番所について「小名落合ニアリ。甲州街道小仏ノ南口留番所ナリ」とあり、番人は村人が勤め、「給分トシテ上畑一町」が充てられていたという記述がある。[14] ところが、薬王院文書の中には、番人に対して薬王院から給金が支払われていたという記録が残る。[15] 給分として村に土地が宛がわれていたということであれば、そこに薬王院が公式に関与する余地はない筈だが、これも薬王院と上椚田村との互酬関係の一側面である。

八王子宿

高尾山の表参道の中途にある金毘羅台からは八王子の町並みを一望することができる。関東平野の西南端にあって随一の町場として賑わった八王子宿は、高尾山にとっても重要な存在であった。[16]

いわゆる「八王子宿」と総称される江戸時代の街並は、北条氏照の居城八王子城が落城した後、東方の鎌倉街道と甲州路が交差する場所に、軍事・民政上の拠点として徳川氏の代官頭大久保長安の主導で建設された。まず、横山宿とその西隣の八日市宿・八幡宿ができ、さらに八木宿その他の新宿が加わって八王子十五宿と呼ばれるようになる。実際には、この内、横山・八日市の二宿が甲州道中上の本宿として伝馬役を勤め、本陣、脇本陣、問屋場（宿役人が詰め人馬の手配をおこなう）が設置されており、他の一三宿はその補助的な役割を担う加宿の位置にあった(17)。

八王子は一名「桑都」とも呼ばれる。蚕の飼料である桑は絹糸の大元であるが、八王子は生糸や絹織物の集散地として栄え、江戸時代の中頃には、多摩郡西部は今日で言う「八王子織物」「多摩織」の産地を形成していた。交通の要衝であると同時に商家が軒を連ねる関東平野でも有数の大都市であった。髙尾山の護符に「蚕守」や「鼠口留秘符」があったことは、周辺の養蚕家や製糸業者、織元はもとより、八王子の町場を拠点とした生糸や織物の取引業者の信仰を受けていた裏付である。

さて、商都八王子の商人らによる髙尾山内への進出事例が薬王院文書の中には見える。嘉永二年（一八四九）三月付の請書には次のような記述があるが、当時の山内における商いの様子が垣間見られ興味深い(18)。

差上申一札之事

一、例年三月廿一日御神事祭礼ニ付、私共仲間之者共御山内江罷出、大道并竹木拝借仕度頼上候所、御聞済被成下難有仕合奉存候、然ル上者御公儀御法度之義者勿論、御山内之御沙汰堅相守、火之元大切ニ可仕候、万一仲間之者共ニおゐて如何様之儀出来仕候共、加判之者引請、少茂御山内江御苦労相掛申間敷候、為念依而一札如件

嘉永二年

酉三月

上椚田村河原宿　借主万五良 ㊞

同　村散　田　請人伝兵衛 ㊞

八王子八木宿帳元惣代弥右衛門 ㊞

高尾山
御納所中

三月二一日の祭礼とは宗祖弘法大師の御影供のことで、一年の間で最も参詣者の訪れる日だった。この請書には、奇妙なことに拝借の目的自体を具体的に記していないが、「火の元大切」という文言があることから、大勢集まるであろう参詣客を目当てに、表参道のどこかで調理した飲食物を商うことを目的としていたと解釈することができる。

安政六年（一八五九）三月に山内での商いに関わり事件が発生した。[19] 琵琶滝は参籠堂もあり、一般の参詣者も多く訪れる景勝の地として知られる行場だった。厚信の者が修行僧に加持を頼むなど参詣者もある場所なので、「参詣人之内食事その外等事欠候由」を八王子宿の者が承ったとのことで、「御当山（薬王院）江御願茂不申上商売」をおこなっていたところ、仲間の内の一人が修行僧との間にトラブルを起こしたというものである。八王子宿側は参詣者相手の商いを続けられるよう嘆願書を出し、後日、以下のような請書が提出されている。[20]「御祭礼ニ不限臨時参詣人有て商仕候節ニ者、前以名前書記し御届御願申上」「御公儀御法度之義ハ不申及、御山法堅相守、魚物等商売不仕、火ノ元ニ入念」「且又用水之義裏御門外より扱（汲）取、薪等之義ハ前以手当ニ及、御貯之品決而無心不申上、且御門末之御所化様方御家来衆・寺領方々より御申聞之次第、何ニ而茂違背仕間敷候」とあるが、これらの遵守事項は、以前にも同様の問題があったことを示唆している。また、必要があってこのような嘆願書が書かれたであろうこと、請書の作成者に八王子宿以外の者が含まれていることは先の事件への個別の対処とは異なる、むしろ新規に以降のことを取り決める性格のものと考えられること、そもそも無断で商売がおこなわれていたということ自体から、この頃には、山内で飲食物が提供される風景が日常的なものとなっていたことが推測される。なお、請書には、八王子八木宿弥右衛門他、同南横町・八幡宿・高尾山最寄りの上椚田村在住者五名が名を連ね、八王子八木宿・上長房村駒木野宿

（現八王子市裏高尾町）の三名の奥書が添えられている。

髙尾山信仰の展開に関して八王子宿が担っていた役割はその解明に不可欠な課題である。一般に、著名な寺社・霊山には門前町や登拝集落が形成されていたが、髙尾山の場合、地元の駒木野宿・小名路宿に加え、八王子宿もその機能を担っていたと考えられる。江戸を早朝出立してその日の内に八王子まで辿り着くのは難しく、府中宿を過ぎた谷保あたりで日暮れを迎えるというのは有名だが、二日目に髙尾山に参詣し、宿坊で泊まるか、八王子宿まで戻るという形が取られていたと考えられる。実際、『多波の土産』（文政一一年・一八二八）[21]の作者は、百草村松連寺に宿泊した翌日、八王子の宿屋に荷物を預けて髙尾山を詣で、夕刻急いで下山して八王子宿に宿泊した、としている。

薬王院は、行事の執行その他人手の必要な際、最寄りの村々との間に協力関係を結んでいたが、同様のことが八王子宿との間にも存在し、とりわけ、江戸出開帳の記録にその具体的な様子が見られる。

寛政三年（一七九一）三月、薬王院は江戸湯島にて出開帳を執行した。その際作成された「開帳寄進物記」[22]は信徒から寄進された品々を記録した帳簿だが、八幡宿角屋新右衛門が「打敷」を、八日市講中が「護摩壇・真鍮仏具一通」、「神前修法器具・真鍮仏具一通」は八日市宿藤野新七を世話人とする鈴木佐次右衛門他三名、さらに世話人八幡宿河内屋長兵衛による八王子講中の名で「幕四張」を寄進していることがわかる。すなわち、本尊に祈念するための護摩壇・修法具といった出開帳にあたってきわめて重要な什物類が八王子の講中からの寄進によって準備されていたということになる。

この時の寄進は、もちろん八王子宿からばかりではなく、大手呉服商の伊豆蔵から「赤地金襴鶴亀模様の戸帳・紺地金襴菊水引」、三井越後屋から「毛氈二〇枚」、虎屋勘四郎からは「餅菓子」、草加宿大川清左衛門他三名と五日市講中世話人土屋勘兵衛が各々「大幟」、といったところがその主なものであるが、これら大檀那の寄進物と比較しても、八王子宿の寄進物がいかに出開帳の実施そのものに関して枢要な位置にあったかがわかる。

さらに、「開帳中毎日、御備八王子横山宿御講中」「紀之字屋安太郎・菱屋武右衛門・近江や権七・十一屋勘兵衛（他二名略）」という記述もある。「御備」は「御供」とも読み替えられるが、開帳場に六名の者が常時詰めていたという可能性もある文言である。これらの信徒名は、後の文化六年（一八〇九）作成の「江戸田舎日護摩講中元帳」に護摩檀家として名が記される人物が多くを占める。湯島の出開帳においては、江戸の鎌倉河岸と三河町 丁目が「世話」を務めていたが、八王子宿もまた実施にあたって不可欠な役割を担っていたわけである。

さて、八王子宿の関わりは、次の文政四年（一八二一）三月～五月の内藤新宿太宗寺における出開帳の際の記録にも見られる。[23] この時の開帳場内における動向としては、「武州八王子講中」の名で「九尺ニ弐間」という築山が寄進されるに留まるが、この帳簿にはさらに興味深い記事を見ることができる。すなわち、出開帳の実施にあたり、八王子宿に対して協力を求めることに関する心得を後年のため書き記したというものである。

それによると、「（八王子）宿役人ハ外とも違当山之事故、格別之義ハ出来不申候共奉納可致由也」と、八王子宿の人々は髙尾山のことを自分たちにとって他所とは違う場所という認識を持っているからということが示される。そして、「後来ハ両度之使僧、開帳等之節能々八王子与談シ、行届キ候様可致事也」と、大きな行事にあたっては、まずは八王子宿に相談すべきことが述べられる。その具体的内容は、奉納の件に加え、「出立前人足等之事、宿役人并若者世話人江書状ニ而日限申遣、相頼可申候筈」と、江戸へ本尊を移送するにあたっての荷駄人足や供揃えの人手の依頼が記されている。そして、「拾五ケ宿名主外世話人・若者世話人名前別帳ニ記し置」とあり、一大行事の執行にあたり頼りになる協力者として八王子宿を認識していたことがわかる。

八王子宿には髙尾山の護摩札を他地域に仲介する檀家や取次宿も多数存在していたが、この問題については本章後段及び第四章でも取り上げる。

三　関東西部・甲斐国東部への信仰圏の広がり

信仰圏の延伸

薬王院文書の中に「永代日護摩家名記」（以下、「家名記」と略す）という帳簿が残る[24]。元禄一七年（一七〇四）以降、髙尾山の護摩供の永代施主（護摩檀家）を書き連ねた帳簿で、天明期頃まで記載が続いている。帳簿中の檀家名の肩には在住の町・村と施主となった年月日が記されている。永代檀家ということで金二分の布施が必要であり、特定の階層に限定されたデータではあるがその分布や年代的な推移の傾向を見てみたい。

元禄一七年〜正徳期（一七〇四〜一七一六）には江戸に檀家の集中が見られる。これは、元禄一七年の髙尾山居開帳の関連はあるが、寺社に護摩供を依頼するような文化的な営みがまだまだ周辺部に拡散していない、あるいは護摩料を用意するだけの経済的な裏付けのある人々はある程度江戸の在住者に限られるという点が考えられるが、信仰圏の形成において当初江戸の存在感が大きいというのは興味深い点である。このほか、髙尾山最寄りの八王子宿にも檀家が確認できる。享保〜延享期（一七一六〜一七四八）になると高尾山近在と八王子でぐっと檀家が増え、また、武蔵国中央部において檀家が見られるようになる。先にこの時期を、信仰の中心となる飯縄権現堂が建立され居開帳が盛んにおこなわれた髙尾山信仰興隆の濫觴期と見たが、地元の上層農の支持をしっかりと受け止めた時期と言えようか。宝暦〜天明期（一七五一〜一七八九）には、八王子周辺から一段階外へ、一気に檀家の分布域が拡大する。上椚田村石川家の日記の記載に「おびただ敷」という表現が度々登場する、髙尾山信仰の発展が帳簿の数値にも表れたと言える。「家名記」には天明期までの加入者が記されているが、そこで記録が途絶えている。寛政期はまるまる記録が存在しないが、それ以降の護摩檀家を記した帳簿が表紙に文化六年（一八〇九）の年次をもつ「江戸田舎日護摩講中元帳」（以下、「元帳」と略す）である。

江戸田舎日護摩講中

この帳簿には、定期的な護摩供の施主となり執行の証である護摩札の配札を受けるという講のメンバーが書き連ねてある。まずは、帳簿と日護摩講の性格について順を追って説明を加えたい(25)。

この講中帳は表紙に記されている文化六年十一月の成立となるが、護摩檀家がそれ以前にも存在していたのは先述の通りである。この時期、檀家を一つの帳簿にまとめ直し、講として把握し直したようである。帳簿はそれ以後抹消や書き込みを続けながら、文中にみられる最後の年号である弘化年間（一八四四～四八）頃まで、四〇年近く使用されていたらしい。末期には本文の書式とは異なる記述が付け加えられ、また、講員の世代交代も進んでいることなど、他の帳簿と併用されていた感もある。また、天保期（一八三〇～四四）を中心に信仰活動の停滞があったであろう事も武蔵国西部の経済動向全般から類推される。

帳簿の冒頭には「心得之事」として帳簿の記述方法と日護摩講の説明がされている。護摩札の配布は正・五・九月に行われ、一ヶ年分の者は参詣の節「相渡可申条掛合可申」とあり、通常は永代を含め複数年にわたり配札を受ける者の名が記されたようである。また、講加入者（本文中の表記は「施主」）の中にも区別があり、「上ニ一印有之施主」と「取次与有之候下段之施主」の二種類があることになっている。そして、次の頁より村ごとに加入者名が列挙されている。

帳簿は基本的に「上ニ一印有之施主」の居住する村名が見出しとして付され、村の順は高尾山周辺の村→八王子宿→甲州道中沿道の宿々→江戸の順で、それ以外の村名は見出しには出てこない。他の甲斐や北関東などの村々の人名は、すべて「取次」を介しての「下段之施主」として把握されている。帳簿のページには**写真1**にある通り、薬王院

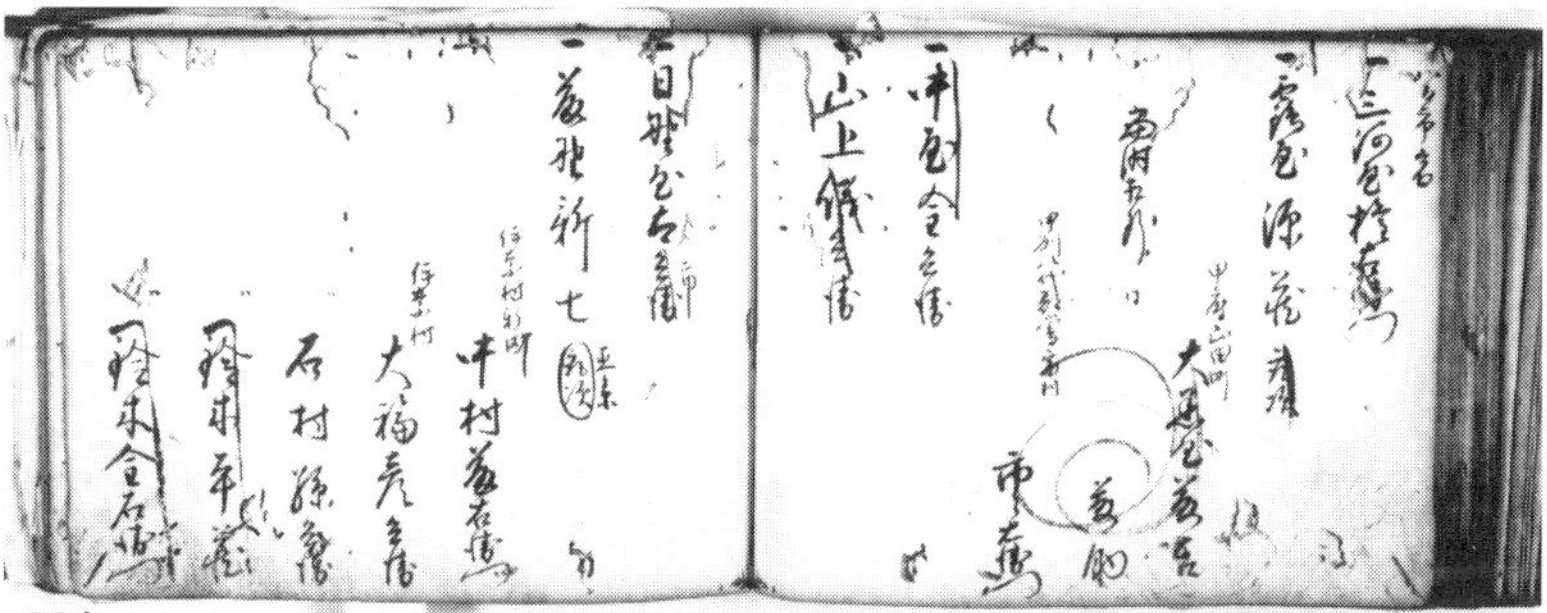

写真 1

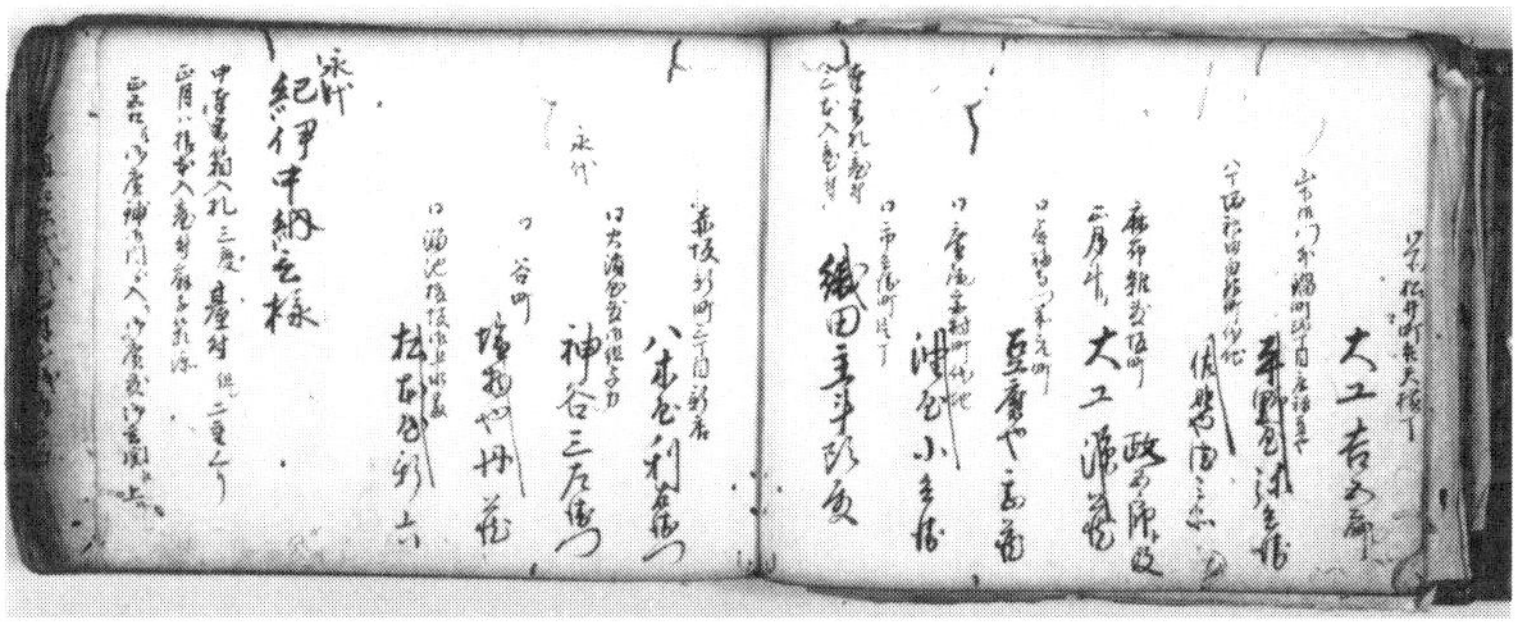

写真 2

から直接配札を受ける者の名が上段に「上ニ一印有之施主」として記され、その下に「取次」と記され、下段に取次先の人名が列挙されている。「取次」は文字通り他の加入者に対し薬王院の護摩札を仲介することと考えられる。

ここで、護摩供の施主のあり方を整理すると、参詣の際に札を受ける「一ヶ年の施主」があり、これは講員からは除外されることになる。配札を受ける加入者は薬王院から直接配札を受ける「上段之施主」と取次を介して配札を受ける「下段之施主」の二種に分けられることになる。

なお、「江戸」の加入者は**写真2**にあるように、他の地域とは全く別の記入方法がなされている。大名が上段、旗本クラスが中段、下級武士・商家・町人が下段という区分になっている。江戸の場合、例外的に他地域へ取次をおこなっている加入者が列記された頁のみ江戸以外と同様な上段・下段の関係者が記入されているが、御府内については薬王院の使者が一軒ごとに訪れるという方式がとられていた。

国	ブロック	成立当初			加筆修正後		
		施主総数	取次者	上段施主	施主総数	取次者	上段施主
武蔵	**最寄り**	**190**	20	159	153	16	139
	山周	**215**	12	11	209	9	8
	八王子宿	**205**	42	191	192	36	181
	秋川筋	50	1	1	42	2	2
	青梅筋	20			3		
	江戸道中	45	4	4	33	5	6
	多摩郡南部	55		4	50		2
	多摩郡北・東部	14			33		
	江戸	300	9	—	219	10	—
	武蔵東部	17	2	2	19	1	1
	武蔵中部	23			33		
	武蔵その他	3			3		
相模		54	4	2	35	4	2
甲斐		45			17		
上野		7			9		
下野					1		
上総		5			5		
陸奥		1			3		
信濃					1		
合計		1249	94	374	1060	83	341

《地域ブロック区分》
最寄り…多摩郡上椚田村・上長房村
山周…「最寄り」「八王子宿」を除くおおよそ現八王子市域の村々
秋川筋…秋川沿岸の村々
青梅筋…秋川と合流する以北の多摩川沿岸の村々
江戸道中…大和田宿～代田橋
多摩郡南部…八王子市域を除く甲州道中沿道以南の村々
多摩郡北・東部…上記以外の多摩郡の村々
武蔵東部…足立郡・埼玉郡の村々
武蔵中部…入間郡・高麗郡・新座郡の村々
武蔵その他…上記以外の武蔵国北部・西部の村々

日護摩講中に見る檀家の分布

前頁の表に示した日護摩講加入者の集計からは、信仰圏の核が八王子を中心とする髙尾山周辺と江戸にある事がわかる。帳簿作成当初の数値を見ると相模国北部を含む髙尾山周辺と八王子宿周辺に半分あまりの加入者が集中し、江戸に全体の四分の一あまりの集中が見られ、その他には武蔵国多摩郡西部、甲斐国勝沼近辺、武蔵国中部、武蔵・上野国境近辺に集中している。帳簿の記載には抹消・加筆が加えられ、参考にそれらを反映した数値を出しているが、世代交代による抹消に対し加筆分は別紙が挿入されたり、別帳化された可能性もあり、数値の減少がただちに信仰の低調を示しているものとは判断できないが、文政の出開帳の不振や天保の飢饉等を考慮すれば、文政・天保期にかけて加入者が漸減傾向となるだろうことも考え得る。

こうした加入者の分布から髙尾山信仰の信仰圏の概念図を描くと図のような形となろう。ち

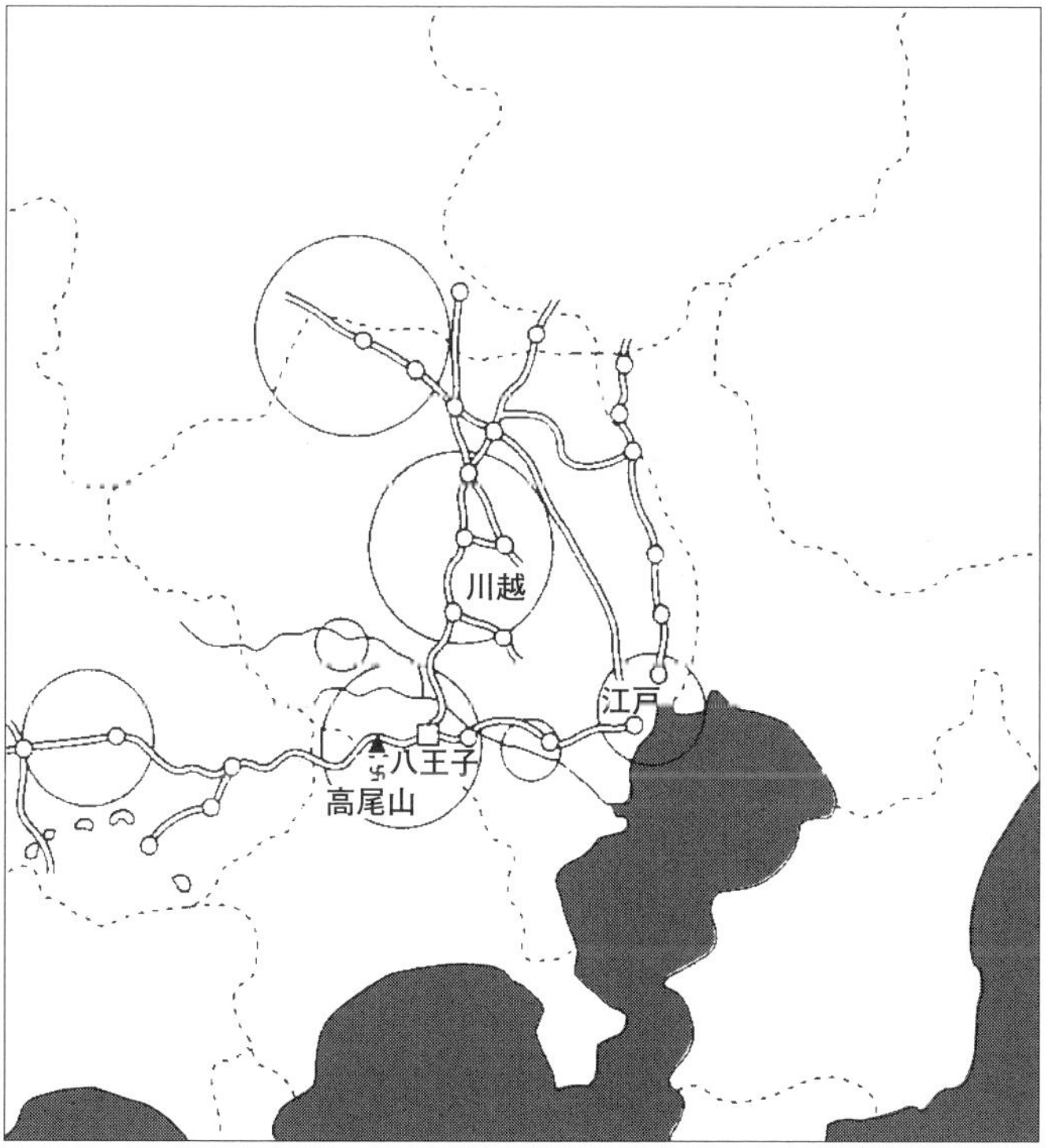

ょうど加入者集住地域を、甲州道中を横軸に日光脇往還を縦軸として連繋し、その交差点付近に髙尾山が位置する形となっている。こうした信仰圏形成の理由はなんであろうか。

檀家在住圏が北関東へ広がっていたが、日護摩講加入者の総数の中では数値としては低いものとなる。ただし、この数値はあくまで日護摩講加入者に限るデータであり、かつ配札を受けるという講の性格ゆえ、配札を専業とする御師集団の簇生がないことも合わせると、遠隔地に加入者数が少なくなることも必然性がある。後年の文久三年（一八六三）の配札ルートは日光道中から中山道本庄宿まで薬王院の配札者が直接巡行しており、そうした意味からは北関東への信仰圏の伸長自体がこの段階（文化～弘化年間）では展開途上だったという見方も出来る。また、相模国の南部と武蔵・下総国境以東にほとんど加入者が見られないのも一つの傾向である。

護摩札取次の実相

相模大山、武蔵御嶽山などでは、護符の配札はその専業者である御師集団によって担われていた。[26]その不在にもかかわらず配札を維持し得たのは、日護摩講加入者の間に「取次」というシステムが内包されていたことによる。取次をおこなう者の取次先は、同一村内への取次に限る者から他村、他地域へ取り次ぐ者までその実態はさまざまであるが、取次経路の詳細を観察すると興味深い傾向が見える。

次に、取次者の在住する地域ブロック別にその傾向を見てゆきたい。地域ブロックは先に掲げた日護摩講加入者数一覧に示したものである。

［最寄り］

上長房村駒木野宿（現八王子市裏高尾町）の鈴木佐次右衛門の取次先は、上野・武蔵の国境付近と甲斐国の勝沼宿周辺であるが、遠方の講加入者を専門に取次いでいる。また、上長房村小名字（小名路・現同市西浅川町）の山口周助は、武蔵国中央部の高麗郡・入間郡に取次先をまとまって持つ。この二例は比較的遠距離の取次を担っている。このブロックは薬王院の使者が一軒一軒配札をするので近場への取次はない。

［八王子宿］

八日市宿相模屋吉右衛門も山口周助と同様に武蔵国中部に取次をおこなっているが、一方、八幡宿の角屋新右衛門の場合は青梅方面と秋川沿いの村々を除くと、比較的近接する［山周］ブロックに散在的に取次を行っている。八日市宿の藤野新七の場合も青梅・秋川方面が中心である。

［山周］

八王子宿から西方に外れた下恩方村（現八王子市下恩方町）の松井宗七の場合は、同一村ではないが近接地に対する取次をおこなっているのみである。全体として取次をする者は街道筋の町場に集中する傾向があるが、宿の者は遠方に取次ぎ在村の者は近在へ、というコントラストをなす形となっている。

［秋川筋］

五日市宿（現あきる野市）の土屋勘兵衛の場合は、ほぼ同一村内への取次という形になっている。［山周］の松井宗七と同じパターンとして見るべきであろう。

［江戸道中］

日野宿の佐藤平左衛門、府中宿の長谷川忠治ともに同じ宿内および近隣の諸村に取次をおこなっている。このブロックの特徴は、同一の宿に基本的には取次者が一名のみという点である。佐藤家は名主、長谷川家は組頭役を務める。日野宿の佐藤家は同宿内に祀られている飯縄権現社の管理をおこなっていることが注目される。日野宿の飯縄権現が髙尾山から勧請されたものか独自の起源を持つものかは定かではないが、佐藤家としても髙尾山の本尊が飯縄大権現であることは承知のことであろう。府中宿の長谷川の取次関係の特徴は周辺諸村に加え多摩川を越えた範囲に広がっている点である。府中宿と対岸の諸村（現在の東京都多摩市域）とは、葬祭等の儀礼関係を通じた交流が見られるが、長谷川家の取り次いでいる先は蓮光寺村（現多摩市連光寺）の冨沢家をはじめとした村落上層にあたる家々である。彼等は名主役を勤めるような家柄で副業に養蚕を行っている家が多いのが特徴である。

取次者の数的分布

さて、それでは取次を行う人物のブロックごとの数的分布を見てみたい。やはり、最寄りの［山麓］［八王子宿］に多く集住している。また、［山周］ブロック以外では概ね宿に在住している。取次をおこなう者の総延べ人数は一一〇人で、一人あたりの平均取次数は六・四人であるが、取次先の数量はブロックや個人によってかなり偏る傾向がある。そこで、各ブロック別・宿別にその傾向を見て行くことにする。

［最寄り］

取次者数は八王子宿につぐ二四人を擁するが、一人あたりの取次数は少ない。取次先はもっぱら遠隔地である。

［山周］

自村への取次が比較的多く、取次を受ける「下段之施主」が多く集住している。

［五日市宿］

比較的近接するエリア［秋川筋］への取次はほとんど八王子宿の取次者に委ね、宿内への取次がほとんどである。

［八王子宿］

最多の取次者数を擁する。遠隔地取次が半数を超えるが、近接地にのみ取次ぐ者も多い。遠隔地取次はそれを専門的に取り扱う者に集中する傾向があり、またそうした者は取次数も多い。なお、ここでの「近接地」は［山周］ブロックとして扱った。

［道中］

取次者は一宿一人が原則で総数は少ない。ただし、一人あたりの取次数は最多の二〇・九人である。取次先は宿内が多く、近接地取次がほとんどである。

［武蔵国東部］

取次者は二人で、一人は草加宿の宿名主大川平左衛門。もう一人は近隣の稗田村（庄左衛門新田）の在住で広義の意味では草加宿の二人とも言える。ここも、［道中］と同じ取次傾向である。

［江戸］

取次者数自体は少ない。先記の通り江戸には基本的に江戸内での取次関係がないので、遠隔地への取次が何例か見られるのみである

これら、各ブロック内の取次者の性格を整理すると、大きく二通りの傾向に分かれる。ひとつは、［山麓］［八王子宿］［江戸］のような自村・自宿への取次がほとんどなく、遠隔地への取次を専らとするケースであり、もうひとつは［山周］［道中］ブロックのように自村・自宿および近隣への取次がほとんどのケースである。前者の地域に自村・自宿への取次が少ないのは薬王院の直接配札圏に入っているからであるが、後者の場合、基本的には同一生活圏内を代表する形で配札を受ける形を取る。これは、嘉永七年（一八五五）の配札関係帳簿に見える「取次宿」と同じ機能を持つ(27)。嘉永の段階では、薬王院の配札者が中山道や日光脇往還筋まで取次宿を巡回する形になっている。

先に髙尾山の護摩檀家の分布傾向を、八王子宿を交叉点として甲州道中を横軸、日光脇往還を縦軸にしていると述べたが、その中心となる八王子宿周辺に交通上の便宜を必要とする遠隔地取次者が集中したと言えるが、取次をおこなう者と取次を受ける者は、髙尾山信仰が直接の契機となって交流関係を持っているというよりは、街道を経路とする経済活動によって結びついていると考える必要があるだろう。その実態の解明は今後の課題であるが、檀家の集住

域の経済的性格を鑑みるに、養蚕地帯、織物の産地といった共通項が浮かぶわけである。三井越後屋や伊豆蔵が日護摩講に加入しているのは、その延長上に捉えられるのではないだろうか。

註

(1) 宮田登「岩木山信仰―その信仰圏をめぐって―」(和歌森太郎編『津軽の民俗』吉川弘文館、一九七〇)など。
(2) 国立国会図書館蔵『八王子名勝志』(天保七年・一八三六以降成立)
(3) 法政大学多摩図書館地方資料室委員会編『髙尾山薬王院文書』一(法政大学、一九八九)八号文書。以下、本史料集は『髙尾山薬王院文書』一のように省略して表示する。
(4) 甲州道中については、『八王子市史』下(八王子市、一九六三)、佐藤孝太郎『八王子物語』上(多摩文化研究会、一九六五)を参照。
(5) 前掲註(4)に同じ。
(6) 『髙尾山薬王院文書』二―五二一号文書
(7) 『髙尾山薬王院文書』二―五〇九号文書
(8) 拙稿「地域社会と信仰の山―武蔵国多摩郡上椚田村と高尾山を事例として―」(村上直編『幕藩制社会の地域的展開』雄山閣出版、一九九六)
(9) 木村礎校訂『旧高旧領取調帳』関東編(近藤出版社、一九六九)
(10) 北島正元校訂『武蔵田園簿』(近藤出版社、一九七七)
(11) 享保元年～宝暦一三年「年々諸用記」(『髙尾山薬王院文書』三―五八九号文書)
(12) 『石川日記』(一)～(六)(八王子市教育委員会、一九七七～一九八五)
(13) 秋山伸一「雨乞行事と近世村落」(『三芳町立歴史民俗資料館研究紀要くらしとれきし』一、一九九一)
(14) 国立公文書館蔵
(15) 『髙尾山薬王院文書』三―六〇五号文書

(16) 拙稿「髙尾山信仰の展開と多摩地域―近世から近代への展望―」（馬場憲一編著『歴史的環境の形成と地域づくり』名著出版、二〇〇五）
(17) 前掲註（4）に同じ。
(18) 『髙尾山薬王院文書』三―六〇八号文書
(19) 『髙尾山薬王院文書』三―六一一号文書
(20) 『髙尾山薬王院文書』三―六一二号文書
(21) 『多摩文化』一三（一九六四）所収
(22) 『髙尾山薬王院文書』二―五〇八号文書
(23) 『髙尾山薬王院文書』二―五一〇号文書
(24) 『髙尾山薬王院文書』二―五三三号文書
(25) 拙稿「髙尾山信仰圏の構造と展開―文化六年『江戸田舎日護摩講中元帳』の分析―」（『法政大学大学院紀要』三一号、一九九三）、拙稿「近世における髙尾山信仰―信仰形態の概観と信仰圏―」（村上直編『近世髙尾山史の研究』名著出版、一九九八）
(26) 関東地方南部における御師による配札活動についての研究として、齋藤典男『武州御嶽山史の研究』（隣人社、一九七五）、西海賢二『武州御嶽山信仰史の研究』（名著出版、一九八三）、同『武州御嶽山信仰』（岩田書院、二〇〇八）、圭室文雄編『民衆宗教史叢書二二　大山信仰』（雄山閣出版、一九九二）、西海賢二『富士・大山信仰』（岩田書院、二〇〇八）がある。ただし、配札を専業とする御師が発達したこれらの事例と、髙尾山の事例では事情が若干異なる。
(27) 嘉永七年「川越領・忍領・中山道筋日護摩料受納帳」（『髙尾山薬王院文書目録』法政大学多摩図書館地方資料室、一九八七　9．信仰―一七）

第四章　護摩札配札と信仰圏の拡張

一　髙尾山の護摩札配札

文化六年「江戸田舎日護摩講中元帳」

密教の修法である護摩供とは、護摩壇をしつらえ護摩木を焚き、本尊の浄火によって煩悩を消滅させて諸願の成就を念ずるものである。護摩札は護摩供による祈願をおこなった証として授与されるが、江戸時代には、執行の場に参列せずとも札を受ける方法があった。ひとつは、「代参講」という信徒の団体から代表者が参詣して護摩供に参列する「代参」という形。これは、定期的に代参者が参詣して講員全員分の護摩札を受け取って村に持ち帰るというものである。それから、薬王院が護摩供の施主に対し、定期的に護摩札を配札する方法もあった。

表紙に文化六年（一八〇九）の年次を有する「江戸田舎日護摩講中元帳」(1)（以下、「元帳」と略す）は、護摩札の配札を受ける人々を「日護摩講」という名でひとまとめに把握した配札台帳である。この日護摩講には、紀伊徳川家や越前松平家のような大大名、そして、旗本・御家人、三井越後屋のような大商人から、村の名主・組頭、一般庶民に至る幅広い階層の人々の名前が書き連ねてある。言わば髙尾山信仰の実相を映す鏡とも言うべき好史料である。

「元帳」の冒頭には「心得之事」という一文があるので見てみたい。「日護摩講入之者有之候節、若一ヶ年之者御札参詣之節、相渡可申条掛合置可申」と、やはり、護摩札とは基本的には参詣の折に授与されるものと認識されていたようである。そして、「尤御札届ケ場所有之施主（護摩檀家）方より相願候ハヽ、其場所を別紙書付置、御札相届可申候」と、定期的に護摩札が護摩檀家の許に届けられるシステムとなっていた。

寺社の御札が定期的に信徒の許に届けられるという習俗は、今日でこそあまり見かけなくなったが、江戸時代においては、多くの寺社の御札が、主に御師と呼ばれる宗教者によって配札されていた。高尾山のように、配札先があらかじめ決まっているケースもあれば、身元も不確かな宗教者態がふらりと現れて札を持参するようなケースもあった。信徒の参詣の仲介を生業とする御師にとって、配札とは顧客を開拓・維持する方法でもあった(2)。高尾山の場合、伊勢や富士に見られるような、関東では相模大山や武州御嶽のような御師の存在は確認できないが、高尾山近辺の村々をはじめ、八王子宿、江戸、武蔵国一帯、上野国南部、相模国北部、甲斐国中東部を核に、関東一円に護摩札の定期的な配札がおこなわれていた。

取次が支えた配札活動

配札は正・五・九月と、年間三度にわたっておこなわれていたが、御師不在の高尾山の護摩札配札は、記録によると薬王院に所属する若手の僧侶、侍奉公人、下男、末寺の僧侶、近在の寺院の僧侶などによって担われていた(3)。しかし、「元帳」にある日護摩講の加入者は六〇〇名余であり、御師の不在にも関わらず関東一円にかけて分布する広範な護摩檀家に対しての配札を可能としたのにはどのようなしくみがあったからだろうか。実際、脆弱な配札要員からして、「元帳」の記載では薬王院の使者が配札にあたるのはせいぜい高尾山近辺と八王子宿、江戸、その間の甲州道中沿道の檀家のみであることがわかる。そして、それ以外の村々の檀家への配札は、この直接配札を受けた檀家が「取次」を引き受けることによって維持されていたことが文面からわかる。この「取次」のシステムについては、後段に詳述することとしたい。

時代は下り、弘化二年（一八四五）になると、薬王院の使者が、現在の埼玉県川越市近辺まで、安政二年（一八五五）には中山道沿道まで巡行するようになっている。同年以降、「諸雑費附込帳」という名称の会計帳簿が明治初年まで残存し、配札に関する記録が散見される。(4) 文久二年（一八六二）の配札行の記録(5)にある、甲州道中を江戸方面へ進み、次に中山道を北に鴻巣、熊谷、深谷、本庄、南へ日光脇往還を南下して松山（現埼玉県東松山市）、川越、箱根ヶ崎（現東京都瑞穂町）から戻るという経路であったと思われる。それでも、沿道の全ての檀家に使者が戸別に訪れるのではなく、要所に取次宿が配置され、近隣の人々に護摩札が仲介されていた。

二　護摩札配札の実態

弘化二年（一八四五）以降、「諸雑費附込帳」という名称の年次ごとの会計帳簿が明治初年まで残存し、そこに記載された配札に関する記録を丹念に拾うと、当時の配札行の様子が明らかになってくる。(6)

髙尾山近辺

「諸雑費附込帳」には「近所配札」と「八王子配札」、場合によっては「近村八王子配札」と記された配札料支払いの記録がある。これらは髙尾山から日帰り行程の配札経路に関するものである。文化六年の「元帳」によると、八王子宿を除く近隣地区の直接配札域は山直下の上椚田村・上長房村を中心に現在のJR八王子駅以西のほぼ八王子市域全体をカバーするエリアとなっている。このエリアの配札先は文化六年の段階で一七〇軒、一方八王子宿は一九一軒である。「近所配札」「八王子配札」とともに「三人江小遣」というぐあいの記載が多いが、三人同時に配札に回ったのか、担当地区を分けて一人ずつ回ったのかは定かではない。

「近所配札」「八王子配札」は熊平という実名が出てくる場合があるが、熊平の実名で経費が支出されている場合はほぼ二〇〇文と金額が一定しており、また三人の場合に比べて半額ないし五分の二という金額から、この場合熊平が代表で支給を受けたからではなく一人であったから熊平という記載となったのであろう。なお、熊平には「麓」という肩書きが付く場合があり、薬王院の朱印地内に起居する寺領百姓である可能性もあるが史料の上からは確認できない。また、当時の薬王院の寺中人別帳の中にも見られない。熊平はこのほか買物や住職の御供を勤めるなど、日常的に薬王院の雑務をこなしている旨が帳簿の記載からわかる。薬王院の寺領内に起居する農民は地中百姓として、山内の掃除その他の雑役や住職外出の際のお供を勤めるなどしているが、こうした直接薬王院に所属しない、地中百姓とはまったく別の人間による配札活動のケースである。

安政六年（一八五九）正月八日には配札者の実名が梅太郎・伝七郎・喜三郎と出ているが、これらの人物は天野梅太郎・瀬沼伝七郎という二名の侍奉公人と下男の喜三郎である。ちなみに、当時の年齢は二六歳、一九歳、五九歳で、僧侶ではなく若い侍で俗身の者が護摩札を届けていたことがわかる。侍奉公人とは俗身で薬王院の中に僧侶とともに起居し務めをおこなっている者で、武家の子弟が一定の期間寺に奉公人として勤める例もあるが、その実像というのは今ひとつ詳らかではない。

帳簿の記載から配札の頻度を見ると、必ずしも「近所」「八王子」とも毎年きちんと正・五・九という形で出てくるわけではない。慶応二年（一八六六）九月には「近村配札并無尽触」という具合に、必ずしも配札のみを目的とせず、年始の礼や買い物とあわせておこなわれた節もあり、また、理由が記載されず熊平や二人へ小遣いが渡っている例もあり、記事の頻度が不規則となったことも考えられるが、このあたりの事情は定かではない。

川越・中山道筋

「元帳」中では配札圏の核の一つをなしていた川越周辺であるが、その当時は薬王院の使者が直接訪れるエリアには入っていなかった。その段階では間接的な配札がおこなわれていた川越近辺であるが、弘化二年五月の配札からしばらくは直接使者が訪れ配札を行っているのがわかる。配札の頻度は先の近隣に対するものがかなりまちまちであったのに対して、帳簿自体の欠落期以外は元治二年まで正・五・九の定期的な配札が確認できる。配札の使者は弘化二年の五月からは薬王院の門徒寺院である相模国高座郡上溝村（現相模原市）の安楽寺がおこなっている。嘉永五年（一八五二）九月の配札の経費の記事では安楽寺と同じく薬王院門徒の下椚田村（現八王子市椚田町・狭間町）高楽寺の名が出る。後払いの謝礼が高楽寺に払われているので、何らかの理由で安楽寺が配札に出られない理由ができ高楽寺がかわりにおこなったようである。ただし、これを機に以後安政五年九月まで引き続き高楽寺がこの方面の配札を担当している。高楽寺の後は観音寺が配札をおこなっている。観音寺は多摩郡新横山村（現八王子市台町）新義真言宗の寺院で朱印地五石を持つ。観音寺は薬王院の門末ではなく大幡宝生寺末である。観音寺がどういった経緯で薬王院の配札を引き受けることになったかは不明であるが、それまでの高楽寺と同額の配札料で引き受けている。観音寺の配札は安政七年九月まで確認できるが、後は配札料の支払い先が記載されておらず不明である。ただし、元治二年（一八六五）五月に妙観寺の名が一度だけ見える。妙観寺もまた近隣元八王子村の新義真言宗の寺院であるが、薬王院との本末上の関係はない。

配札経費の支払いはかなり記述にバラつきが見られるものの、概ね配札小遣、御供の日雇い賃、担当寺院への配札料（謝礼）となっている。小遣というのは途中の必要経費にあたるもので、宿泊料や扇子・半紙といったものの購入費用にあてられている。配札にあたっての供揃えは記録に見える上では嘉永四年九月の十名、同五年一月の十一名、同六年五月の十名、安政五年一月（出金は二月）の十三名といったところである。十数名という人数は金額から考えて全行程十数人で回ったのではなく、日数分の延べ人数と考えられ、嘉永四年正月の記事では上椚田村案内組の茂吉にも十数名分と同様の額が十二日分として記載されている。末寺の住職が御供を一名連れての配札となるが、お供を勤めた者の素性は定かではない。先程の茂吉、同じく案内組の万右衛門、同村川原宿組物蔵、などの名が見られるが、高尾山近隣の者がお供を勤めたようである。

川越筋の記録は弘化二年五月から見られるが、安政二年九月からは「川越中山道配札」と中山道方面への配札をも同時に行うようになった旨の記事の変更がある。川越・中山道を同時に配札する記載は文久三年五月まで見られるが、同九月からは「中山道筋配札」と中山道単独の記載となる。この、文久三年九月に関しては、「配札順路小遣帳」という配札の順路と経費を記した帳簿が残存しており配札行の様子が細かくわかるので紹介したい。(7) 残念ながらこの時はどこの誰が配札にあたったのかは不明であるが、僧侶一名供一名の道行きである。九月二日に出立し、出立の際「御院代ヲ以金弐分ト銭四百文」を受け取った旨が記されているが、これは「諸雑費附込帳」の記録にはない。配札の経路は甲州道中を東に向かい日野宿、三日久賀山（久我山・現杉並区）、天沼（同）、五日には中山道に入っており、根岸村台（現埼玉県川口市）、八日こふノす（現鴻巣市）、九日熊ケ谷宿、深ケ谷宿、十日本庄、十一日松山宿に宿泊、十二日川越、十三日箱根ケ崎を経て帰山している。合計一二日間の行程である。

経費としては昼食代・宿泊料その他草鞋代など記されているが、日によっては小遣の支払いが全くない日もある。記録のない日は昼食・宿泊など檀家や知己の寺院などで済ませていたものとも考えられる。中山道に入るまでの日数を考えると甲州道中沿道では配札をおこないながらの道中となっていたようであり、また、本庄などでは途中案内料の支払いの旨が記されており、新規の檀家開拓もおこなっていた感がある。配札行の経費合計は本文中の小計を足すと二朱と七貫九三二文であり、「諸雑費附込帳」の支出二朱と七貫九七四文とは四二文の誤差が出るが、帳簿自体訂正・抹消が激しく誤差の範囲と言えよう。この九月の配札関係の支出は、院代からの二分と四〇〇文が配札料ということで、納戸方からの二朱と七貫九七四文とは別々の部署からの出費となる。この辺りの経費の管轄は今ひとつ不明瞭であり、今後検討を深める必要があるが、少なくとも納戸方で一切の経理が管理されていたわけではないようである。

甲斐国郡内地方

「元帳」における檀家の分布域の一つに甲斐国の東部がある。同所もまた宝暦・天明期あたりから護摩檀家の集住する土地であるが、弘化二年の「諸雑費附込帳」の四月二六日の項に「配札小遣　郡内宝寿院」とあることから、この頃には檀家間の仲介による配札から特定の者による配札に切り替っていたこととなる。郡内は甲斐国都留郡のことであるが、これらの地域は田中村（小沢村枝郷・現大月市）の宝寿院が配札の委託を受けていた。配札は正月・五月・九月のペースで行われていたようであるが、帳簿の記載は遠隔地との取引という事もあり、必ずしも正・五・九とはなっていない。弘化二年四月のものはどうやら五月分の経費の前渡しのようである。また、以後毎年十一月ないし十二月に翌年正月の経費が前渡しで支払われている。

宝寿院とは配札以外の用件でも薬王院とのつながりがあるようで帳簿中の支払い先として度々現れる。安政二年二月には「太々講触廻り小遣」とあるように、髙尾山内で行われる太々神楽の奉納行事の広報活動なども手がけている。また、宝寿院の場合定期的な配札料の受け渡しができない場合もあり、場合によっては五月・九月同時に支払われたり、一年分一両が支払われるなどしている。宝寿院は村の寺院ではなく本山派（本山山城国聖護院）の修験であるが、修験当山派（本山山城国醍醐寺）に近いはずの薬王院が配札先地元の本山派の修験に配札とりまとめを委託しているケースとなる。

江　戸

江戸もまた薬王院にとっては大きな護摩檀家の集住地であったようで、元禄期以降多数の護摩檀家が存在し、文化六年の段階では全体の約四分の一の配札先が集中している。江戸の場合川越や郡内との相違は早くから直接配札圏に入っていたことである。「諸雑費附込帳」の記事では弘化二年と嘉永四年の正月は正月・五月・九月のペースで記事が見えるがそれ以降はあまり目につかない。弘化二年正月二七日には耕雲という人物が江戸までの甲州道中を含めて配札をおこなっている旨が記されている。耕雲は門徒安養寺の所属であるが、髙尾山内には頻繁に出入りしているようで洗濯の手間賃を支払われたりしている。また、五月二九日には四ッ谷の東福院に配札の礼が支払われており、同じ新義真言宗寺院とは言え川越同様門末外の寺院への配札の委託がおこなわれている。嘉永四年正月には道亥坊という者が配札にあたっている。

その後は江戸配札の記載は非常に少なくなるが、同六年、安政五年には江戸へ配札の荷送りの記載があり、ある程度護摩札をまとめて江戸へ送り、その中から配札がおこなわれていたようである。江戸の配札関係ではこの後、通寛、耕雲、良雲、という名が見られる。良雲は寺中人別帳から薬王院の寺僧と確認できるが、道亥・通寛については正体が不明である。良雲が江戸への行き来をする記事が多く出てくるが、良雲自身が配札をおこなったのか、第三者へ配札料の仲介をしたのか、その途上江戸までの道中は良雲が担当したものか確たるものは無い。ただし、薬王院では江戸とその他における護符類を在庫の段階から区別しており、また寛政段階では江戸に常駐の旅宿が設置されており、安政五年二月九日には江戸配札入用が別帳にまとめられている旨が指摘されているなど、江戸での配札は納戸方から、いや、むしろ髙尾山内から離れた場所での管轄となっている感もある。

相模国北部

記事として出てくる回数は少ないものの、相模国高座郡中沢村（現相模原市津久井町自治区）の六兵衛に対して「相州配札料」として支払いがある。相模国の高座郡一帯もまた武蔵中部や甲斐と同様に護摩檀家の集住域となっているが、この辺りの配札を六兵衛なるものが一手に引き受けていたのかどうかは不明である。この場合は僧形ではない俗人による配札というケースとなる。

以上、弘化二年から数年にわたって残存する薬王院納戸方の「諸雑費附込帳」の記載からわかる範囲で薬王院の配札のしかたを追ってみた。本来配札用の帳簿として仕立てられたものではなく、記載のあいまいさもあるので、詳らかにならない点などが多く残った。また、配札以外の記事も含めて検討することによって、実際配札を担当している寺院や人物との関係もさらに見えてくるものと思われるがこのあたりは今後の課題としたい。

註

（1）法政大学多摩図書館地方資料室委員会編『髙尾山薬王院文書』二（法政大学、一九九二）五〇九号文書。以下、本史料集は『髙尾山薬王院文書』二のように省略して表示する。また、筆者は本史料に関する基礎的な部分を、外山徹「高尾山信仰圏の構造と展開―文化六年『江戸田舎日護摩講中元帳』の分析―」（『法政大学大学院紀要』三一号、一九九三）、「近世における高尾山信仰―信仰形態の概観と信仰圏―」（村上直編『近世髙尾山史の研究』名著出版、一九九八）にまとめている。

（2）西海賢二「村々を訪れる宗教的職能者たち―小田原藩領を中心にして―」（地方史研究協議会編『都市・近郊の信仰と遊山・観光―交流と変容―』雄山閣出版、一九九九）

（3）拙稿「江戸周辺地域における霊山信仰の護摩札配札圏の形成」（関東近世史研究会編『近世の地域編成と国家』岩田書院、一九九七）

（4）『髙尾山薬王院文書』三―五六一号文書以下、同様の名の帳簿が嘉永二・五・六・七年、文久三年、慶応四年、明治二・三・四年と断続的に残る。（『髙尾山薬王院文書目録』法政大学多摩図書館地方資料室、一九八七　10．寺院経営―六八、七二、七七、

七八、一三四、一四六、一四七、一五〇、一五二）
（5）『髙尾山薬王院文書』二―五二一号文書。
（6）前掲註（3）に同じ。
（7）前掲註（5）に同じ。

第五章　講活動と開帳

一　講活動

今日、表参道（一号路）登山口の不動院前、清滝の付近には多くの石碑が林立している。また、ケーブルを降りてしばらく歩いた十一丁目の茶屋前をはじめ、山内のいたるところで石碑群を見ることができる。その多くは髙尾山に参詣した講中が記念に建立したものである。現在もなお、髙尾山では「〇〇講」という名のグループを組んでの参詣が目を引く。人々が講を結んで寺社へ参詣する活動が盛んになって来るのは、江戸時代の元禄年間（一六八八〜一七〇四）頃と言われているが、薬王院文書には当時の講活動のあり方を探るさまざまな材料がある。ここでは、いわゆる髙尾講の実態にスポットをあててみたい。

さて、一口に「講」と言ってもその内実は多様である。(1)まずは宗教的色彩を帯びた集まりがイメージされがちだが、その語源となったのは仏典を講究する集まりである「講会」と言われている。一方、頼母子講や無尽講、あまりよくない引き合いだがネズミ講といった用語もあり、宗教色を帯びない集まりについても講と称するケースがある。講のメンバーから掛け金を募って融通する、今で言えば銀行や保険のような互助金融としての経済的機能、また、屋根の葺き替えその他生活互助のための講もあったが、そうした機能と宗教色が結びつくケースも見られ形態は一様ではない。ともかくもここでは宗教的講について述べてゆくが、その場合も多分に経済的講という側面を持っていた。

江戸時代において、講は個人や家族による以外に宗教活動をおこなう単位としてポピュラーな存在であった。宗教活動を目的とする講も、大きく分けて、民間信仰の講と社寺参詣の講に分けられる。

前者は生活共同体の中にあって「念仏講」、あるいは信仰対象の仏の名を冠して「地蔵講」「観音講」などと呼ばれるものがあったが、村の小堂などに集まり念仏などの宗教儀式の後に共同飲食をおこなうという活動をしていた。いわゆる民間信仰の講として、僧侶や神職などの宗教者が介在しないケースとなる。檀那寺に対する檀家中や鎮守社に対する氏子中とも違った集まりだった。一定の期日をおいて講員が集まりをもつが、期日の決め方には、例えば月の満ち欠けによれば一ヶ月に一度、十干十二支の組み合わせによれば二ヶ月に一度、という決め方があり、同じメンバーが複数の名目の講に加入するケースが多く、「今日は不動講の日」「次は大師講の日」というような具合であった。同様に読経をともなう講は「念仏講」という用語ですべて括られてしまうが、ともに現当二世の安楽を祈念する念仏を唱える定例的な集まり以外に、講員の葬儀や追善供養の際に共に読経をおこなうというケースもあった。

民間信仰の講活動は、生活共同体の中において共同意識を高めるとともに、飲食をともなうという点で娯楽的な要素も含んでおり、創唱宗教に見られるような求道的な宗教活動とはまた異なるものと評価できる。一方、社寺参詣の講は、民間信仰の講と同様な性格を有するケースもあったが、本来の目的は、例えば伊勢神宮へ参詣する「伊勢講」や富士山へ参詣登山するための「富士講」という具合に、特定の信仰対象への参詣を目的にグループを作ったということになる。遠方への参詣を目的とする場合、社会的機能として先の民間信仰の性格を有するとともに、旅費を工面するための金融互助講的な性格が重なり、多くが先達や御師といった宗教者の介在するところとなった。何れにしても、民間信仰の講も含め、今日との相違は、特定の信仰対象を一つだけ持つというのではなく、同じメンバーが異なった対象を頂く講に重複して参加するケースがあったということになる。

なお、講の名称には、学術用語として用いるような具体的な寺社や霊山の名称を冠するケースもあったが、「護摩講」

「不動講」に村の名を冠したり、「積善講」「明心講」「開運講」など、その命名は多様であった。また、社寺参詣の講の場合、民間信仰の講と異なり、同一生活圏内にメンバー構成が限定されないケースもあり、その存在形態は単純に類型化できるものでもない。

薬王院文書の中から講関係の記事を拾うと、江戸時代における宗教的「講」の多様な形態が様々な形で見えてくる。かつての隆盛には及ばないとは言え、今日もなお寺社の信徒の多数が加入する「講」について髙尾山の実例を示しながら、しばらく見てゆきたい。

江戸田舎日護摩講中

髙尾山では、護摩供の定期的な施主となった証として護摩札を配札される人々をまとめて「日護摩講中」という名称で一括して把握していたことが、表紙に文化六年（一八〇九）の年次が見える「江戸田舎日護摩講中元帳」（以下、「元帳」と略す）によってわかる。[2] 典型的な社寺参詣の講中というと、講元と世話人の下、同一の村や町のメンバーによって構成された十数人から数十人のグループというイメージとなるが、個々には面識もない、また、身分も異なる人々をまとめて「講中」と呼んでいる事例となる。

この「元帳」には、紀伊徳川家をはじめとする大名家、三井越後屋などの商家、村の名主、八王子千人同心組頭から近隣の農民まで、約一二〇〇名の名が記されている。書面は途中から加除修正が入り、また、書式を違えた追加の記載や挿紙などがあってリアルタイムの講中総員の規模は厳密を期し難いが、ここに掲げた数値は記された人名の最大数としている。この「元帳」からは、まさに、髙尾山がどのような人々によって信仰されていたのか、その構成を端的に知ることができる。

さて、この文化の「元帳」に先立ち、やはり護摩檀家を書き上げた「永代日護摩家名記」という帳簿がある。[3] 一八世紀前～中期に護摩供の永代施主となった者の一覧であるが、二〇年程年代の下る文化の「元帳」を作成する段階で、配札先を整理し直したと考えられる。「永代日護摩家名記」によると、初期の護摩檀家には、江戸の在住者が目立つが、彼らの加入は一様に元禄一七年（一七〇四）となっている。同年は髙尾山で居開帳が実施された年で、「元帳」冒頭の規程に記されるように、定期的な配札を受けるようになる契機を参詣時の護摩供と考えると、江戸の町に髙尾山居開帳の情報が流れ、参詣者があったと解釈することもできる。成田山新勝寺への初期の参詣講である丸下講の結成が元禄元年（一六八八）以前とされるが[4]、この時点で江戸に髙尾山参詣を目的とする講が結成されたかどうかは不明である。

江戸の講中

江戸時代に入り、庶民参詣が隆盛を見た背景として、治安の安定と交通路の整備、そして特に都市居住者の間に可処分所得が向上したことが指摘されている。それから、情報の発信と伝達。寺社の存在、霊験、行事の執行に関する情報が錦絵や刷り物を媒体として広く流布することになる。当時、関東における情報の集積地と言えばもちろん江戸である。よく名の知られた寺社・霊山への旅行を伴う参詣という新しい文化的営みの最初の担い手は江戸の町人であったことは言うまでもない。庶民にとって新しい生活文化の最新スタイルは、常に江戸を始点に周辺地域へ波及していったのである[5]。

髙尾山でおこなわれた元禄一七年の居開帳は、何らかの形で江戸の人々の間にも情報として伝わっていたことが推定される。江戸の町々において、近郊の寺社への参詣講が盛んに結成されるようになったのもこの頃のことと考えられている。髙尾山への参詣講個別の動向はまだよくわかっていないが、江戸の人々による寺社参詣の習俗が、だんだん近郊の村々へ伝播してゆくという全般の動向に合致する。

文化六年の「元帳」に記された檀家約一二〇〇名の内、江戸の在住者は約四分の一。相模大山や成田不動など江戸周辺に立地する他の寺社に較べると、江戸在住者の関与する割合は低い傾向にあるが、それでも少なくない割合の信徒が江戸に在住していたことになる。

さて、その江戸における髙尾山信仰の実相であるが、元禄一七年（正徳元年）段階で江戸に護摩供の施主が見られること、以後、享保年間（一七一六〜三六）にかけても何人かの永代施主の記録が見られる。元文三年（一七三八）には本所の大徳院大仏勧化所にて最初の江戸出開帳が実施されているが、この時、鎌倉河岸（鎌倉町・現千代田区内神田二丁目）の人々が世話役を務めており、江戸において相応の人数を擁する信徒集団が形成されていたことが類推される。

鎌倉河岸の人々は、寛政三年（一七九一）の湯島出開帳の際にも世話役を務めている。[6]この時は同町の六名に加え、隣接する三河町一丁目からも七名の世話人が出ていた。三河町一丁目の太田屋徳兵衛の肩書きには「講頭」とあり古くからの護摩檀家であると記録にある。個別に護摩供の施主となった人物が、周囲の人々を取りまとめて講中を組織していったという道筋が考えられるが、都市の講中として一般的とされる、同一町内の住人による講の結成形態がイメージできる。

出開帳は講中の人々にとってその存在感を示す晴れ舞台だった。文政四年（一八二一）の内藤新宿出開帳では、鎌倉河岸講中、堺町講中、新宿講中等によって提灯その他が寄進されており、[7]講の名入りの提灯が開帳場にずらりと掲げられる光景が思い浮かぶ。また、興味深いことに、この出開帳にあたって髙尾山主が江戸入りした際、富士講中が大勢出迎え、「御府内在々迄不残也」という状況であったという。「残らず」というのは少々大げさな気もするが大勢が出迎えたことには間違いがないだろう。富士参詣と髙尾参詣の関係はつとに知られる通りで、髙尾講と富士講の重層性が指摘できる。また、この出開帳の実施にあたっては「江戸日護摩檀中」へ法具の奉納を依頼し、開帳場の小屋掛けなども講中へ相談したという記録が残る。

安政五年（一八五八）、将軍の代替儀礼に参列するため髙尾山主が江戸に出府した際の滞在記からも講中の動向がうかがえる(8)。

御礼当日から二週間前の一〇月五日に江戸入りした山主は、内藤新宿にて『御府中講中』の出迎えを受け会食に臨んだ。会食に参加した中の一六名は講の関係者で惣代を務める者たちが集まったようである。同日には新講中の結成にあたり「次第取極」をしたという記事も見える。九日には四ツ谷の町火消と鳶職による「傘講中」の結成が届けられ、講の頭取らが山主の宿所を訪れている。翌日にかけても、「本一講」世話人の来訪や新講結成の相談などが続いた。御礼が終わった後、二三日には山主が供揃をつれて江戸の講中をめぐる行列を組む。神田にて講中の世話人およそ二六、七人の出迎えを受けているが、「神田組本一講」「御膳講」「杉箚講」などの名が見える。この巡行では、両国から神田・日本橋にかけて、主だった講中世話人およそ百軒を廻ったということだった。江戸の町にも髙尾山信仰が相当浸透していた様子がわかる。

個々の人間関係から「地縁」へ

「元帳」の内容を分析すると、講の発生過程という点で興味深い事実に付き当たる。約六百名弱の檀家への配札は、先述の通り、檀家同士の取次によって支えられていたという点が日護摩講の大きな特徴であるが、作成当初の取次関係を見ると必ずしも地理的な遠近による合理性に基づくものとはなっていない。それが、時代を経るにしたがって変化の兆しを見せる(9)。

例えば、多摩郡寺方村（現多摩市東寺方）の伊野与市という人物は、当初、下恩方村元木（現八王子市）の中島仙助から取次を受けることになっていたが、いったん取り消されて府中宿長谷川忠治から近隣の関戸村の相沢源右衛門を経て取次を受けるようになっている。伊野が中島から配札を受ける契機は、それまでに何らかの人間関係の存在があったか、あるいは、伊野の在住地が「寺方村」ということから、薬王院が八王子在の寺方村（現八王子市西寺方）と勘違いして、比較的近在の中島からの取次とした可能性も否定できない。しかし、それでも薬王院による主体的な配札経路変更の意思と受け取ることはできる。伊野の場合、中島よりは長谷川から配札を受ける方が合理的な状況である。寺方村の旧家筋と推定される伊野と府中宿の組頭家長谷川が配札関係のみで結びついていたとも考えがたい。

多摩郡下散田村（現八王子市）の場合、地縁による講中成立という経緯を見ることができる。「元帳」本文では同村の原善次郎、斉藤利兵衛、山崎周三郎、石川儀兵衛は千人町丸屋伊兵衛から、田倉十兵衛は八木宿抹香屋磯五郎から取次を受けることになっている。ところが、後に追加で挿入された紙片には、田倉が取りまとめ役になる形で、先の四名と姓を同じくする人物を含めた合計一三名の名が書き連ねられている。原以下四名の「名」が一致しないのは挿紙の世代交替が理由と考えられる。この紙片には「子年」の年次があるが、さらにもう一通残る天保五年（一八三四）の下散田村の講員書上に姓名の重複が多くあることから、この子年とは文政一一年（一八二八）のことと推定される。そうすると本文の年次よりは二〇年近く後に作成されたことになる。末尾には「代参太郎吉」とあり、一三名の代理者として太郎吉が日護摩の初穂を届けていることがわかる。天保の年次の記された紙片には「下散田村講中」という名が見えるが、この動向も、個人と個人による個別的な信仰活動が、次の段階として地縁によって集団化してゆく経緯として興味深いものである。なお、「元帳」本文の中には、同一村の複数の人名が書き連ねられ、明らかに講を結んでいることがわかる記載がいくつか見られる。

これらの動向からは、当初、個別の人間関係によって札のやりとりがなされていたものが、配札の合理性という点から、地縁という枠に収まってゆく傾向と見ることができる。

農村の代参講

下散田村に生じたような講の形態は、「代参」の名が見られる参詣講のポピュラーな形態として知られる。これは、何人かの有志者が講を結成し、旅費を工面するために掛け金を集め、抽選によって選ばれた者が他の講員の代理参詣をするというものである。伊勢神宮や富士山のような遠方へは、もちろん多額な旅費を要する上、講員全員の参詣が叶うわけでもない。一方、交代で参詣することによって、一定頻度による参詣を継続するという目的もあった。江戸の周辺部に位置する寺社への参詣講の場合、抽選形式は取りつつも、講員の参詣が一巡するような工夫がされているケースもある。さらに、成田講の事例で、数年に一度は「大護摩」と称して講員全員が参加するケースもあり、実際、宿泊記録にも五一名という大規模な参詣が見られる[10]。

こうした参詣講に関する検証は民俗宗教史研究上のポピュラーな課題であるが、実際問題として、薬王院文書の中にその実態を解き明かす史料はほとんどないと言ってもよい。むしろ、講に関わる史料は村や町の側に伝来するはずである。それでも、僅かに確認される事例を見ておきたい。

下散田村の代参講の成立時期は天保近くまで年代が下るが、それ以前に遡る講の記録として、「永代日護摩家名記」には、具体的な村名を冠した講の名がいくつか記されている。「高麗郡岩沢村（現埼玉県飯能市）永代廿人講中」は宝暦四年（一七五四）三月八日から護摩檀家となっている。「野田村（現埼玉県入間市）講中」百二十軒と「楡木村廿五軒講」もともに宝暦期の記載である。事例は三件であるが、この頃にはすでに村を枠組とする髙尾信仰の講集団が一定程度形成されつつあったことが類推される。

さらに、村の講と代参の関係となると、「元帳」の中に次のような事例がある。「芝金杉芝橋際綱屋清兵衛取次周准郡篠部村世話人平野忠左衛門」他二名への配札については「右者日護摩長札守四十四枚封し、平野甚左衛門名当ニ而書状在中ニ而、綱屋迄届ケ置、正月者代参登山故、代参之者江御札等遣、五・九月者綱屋へ遣也　文化五辰年ゟ初り」

と注記されている。すなわち、篠部村（現千葉県富津市）の髙尾講は四四名で構成され、世話人として平野忠左衛門他二名の三名がいて、髙尾山まで代参を立てていたということになる。帳簿には段階的な訂正があって、それによると正月以外に五月にも代参を立てるようになり、九月のみの配札となっている。また、札数も二七枚への訂正がある。一方で、「正・五・九月とも」という記載が訂正もなくそのまま書かれてもいる。それが、一番最初の段階であって、つづいて代参がおこなわれるようになったのか、最後筆で代参がなくなったのか、それともただ一年分のみ三回分渡したのかは判断のしようがない。ただ、何れにしろ、下散田村と同じく、途中で代参の回数が増えるなど、定期的な配札から定期的な参詣（代参）へという道筋を辿ることはできる。

髙尾講の実態として薬王院文書の中に残る数少ない講中側の史料として、元治元年（一八六四）の年次をもつ多摩郡芋久保村（現東京都東大和市）の髙尾講による帳簿が残る。[11] 帳簿には、冒頭に「願主　尾又景左衛門（別に講元ともあり）」「世話人　石井由兵衛」以下、講員二五名の名が記され、中断していた登山を再開する旨の口上覚と二〇名の連名、後半部に、御札料が確かに「神納」された旨の文言と髙尾山の納所の印が押された通帳形式の記載がなされている。「代参」という文言は見られないが、三～四ヶ月に一度という頻度で札料が納められていることから、代参形式が採られていたことが推測される。この芋久保村の髙尾講は講の規模といい、組織といい、当時の農村における典型的な参詣講の姿と見てよいだろう。尾又のような「講元」あるいは「世話人」といった人々など、講の組織については、また、後段で考察を試みたい。このような、本来、村の側に伝来すべき帳簿がなぜ薬王院文書に含まれていたのかは定かではないが、髙尾講の全容を知るにはこうした史料のさらなる発掘が求められる。

こうした代参講は、明治時代以降も昭和の戦前期ころまではよく見られた信仰形態だったが、戦後になると交通機関の発達や経済状況の向上によって、代参よりもむしろ講員全員が定期的に参詣する形が一般化した。

その他の講

講の中には、ある特定の目的の下に結成されたケースもある。宝暦五年（一七五五）、髙尾山地先の上椚田村・上長房村の農民から、幕府代官宛に、甲州道中の小名路の追分に鳥居を建立したいという願い書が提出された[12]。髙尾参詣の旅人の道案内に便宜を図るためという理由だが、その文面には「鳥井（鳥居）建立仕度志願ニ付、講を結掛金仕来候」という文言が見える。すなわち、髙尾山飯縄大権現の鳥居建立の資金を賄うために「講」を結成し積み立てをしてきたということで、「志願」という文言からは、ただの標識の設置ではなく、髙尾山へ鳥居を奉納しようというニュアンスが伝わって来る。この場合、鳥居奉納という特定の行為が講結成の目的となっていたわけである。

こうした事例は他にもある。明治二三年（一八九〇）の居開帳の日記[13]に見える「横浜相栄講」は、この開帳に際して鏡を奉納するため「鏡講」に改称したという。鏡の奉納にあたっては、講中とともに近隣から人足として一三〇名が登山したということなので、かなり賑々しい奉納儀礼が執り行われたようである。「浅川植木講」の由来も同じ日記に見られる。明治二二年、髙尾山表参道への新道開削にあたり、近隣の人々が道の脇に桜や梅を植えたことから、植木講を名乗るようになったということである。群馬県にも「佐位郡下植木講」という名称が見え、植樹の寄進を契機に講中が結ばれるということがあったようである。

江戸時代においては、さまざまな形で宗教が人々の結びつきを取り持つ媒介として機能していたことが、講の実態解明からわかってくる。髙尾講の場合、江戸鎌倉河岸や三河町一丁目の事例と同様に、地縁による生活共同体を枠組みとする講に関しては、多摩郡下散田村、同郡芋久保村、新座郡引又町（現埼玉県志木市）の事例などがわかるが、総じて江戸時代における髙尾講の地域的な分布を知るような記録は、薬王院文書の中には見出すことができず、その実体は断片的にしか把握できない。明治時代以降、薬王院は各地の講社を掌握する台帳を整備するが、江戸時代以前においては、そうした代参講が、必ずしも特定の寺社へ限られた参詣を目的とするものではなかったことが、寺社側による掌握を意図させなかったとも考えうる。すなわち、髙尾講というものが、髙尾山への参詣のみを志向したわけではなく、他の寺社・霊山への信仰活動もおこないつつ結果的に髙尾山もその中に入っていたというケースが、むしろポピュラーであった感もある。しかし、護摩檀家の分布などから考えて、江戸をはじめ関東一円において、髙尾山への参詣を目的とする講が結成されていたことが推測される。

二　髙尾山信仰を支えた人々

民俗学などで最も一般的にイメージされている社寺参詣の講中とは、村や町ごとにその成員がおおよそ十数人から数十人の規模で結成しているというものとなる。講の代表者である「講元」や幹部である「世話人」という役員が置かれ、特別な能力を持つ宗教者として認識されていた「先達《せんだつ》」が宗教活動をリードし、参詣にあたっては講中と師檀関係にある寺社・霊山の「御師《おし》」が受け入れにあたったというものである。ここでは、人々が講を結んで寺社や霊山へ参詣する活動の原動力となった様々な立場の人物にスポットをあててみたい。

講元・取次宿

講中の組織上のリーダーは「講元」と呼ばれる者で、多くは名主・組頭やそれに比肩する富裕層が務めていたと考えられる。「世話人」は会計帳簿の管理や必要な資材を調達したり連絡役を務めたりといった役柄で、講元に次ぐ、あるいは比肩する立場の人物が務めていた。

一例として、武蔵国新座郡引又町の髙尾講の講元を務める三上半十郎という人物を挙げることができる。(14) 三上家は屋号を車屋と言い、その名の通り水車稼ぎを生業としていた。引又町には六軒の酒造家があり、精米の需要を賄っていたようだが、領主に納めた冥加金の額面からするとかなりの繁盛であったようである。半十郎の町政への関与は目立たないが、同町の伊勢講の世話人に名を連ねるなど町内で相応の地位にあったようである。

半十郎が講元を務める髙尾講について、明治五年（一八七二）の講中帳が薬王院文書の中に残り、同帳によると講には八二名が加入しており、内七九名が引又町、近隣の村から三名が加入していた。これは引又町の家数の七〜八割を占める人数だった。また、半十郎の世話で野火止宿の新井儀七が護摩檀家に加わったという記事もある。三上と新井の接点は不明だが、運河としての野火止用水を媒介とする人間関係が推測される。引又町は新河岸川と野火止用水をつなぐ水上交通の要衝として物資が盛んに行き交う町だった。八王子・青梅方面からは織物や薪炭、江戸からは干鰯（肥料）や塩、小間物などが運ばれてきた。

一方、嘉永七年（一八五四）の「川越領・忍領・中仙道筋日護摩料受納帳[15]」という帳簿には、取次宿という肩書で半十郎の名と押印がある。すなわち、半十郎は引又町および近隣の宗岡村・溝沼村への護摩札配札の取次役を担う人物でもあった。

髙尾山信仰の構造上の特色として、信徒同士の仲介によって年三回の護摩札配札が維持される仕組みを挙げることができるが、「取次」を担う人物は、信仰圏の拡張にあたり重要な役割を負う存在であった。護摩札取次のより組織的な配札システムへの進化として、主要街道の宿場町に「取次宿」が確認できるようになる。薬王院の使者がそこに護摩札を届け、取次宿から周辺村々の檀家へ札が配布されるという仕組みである。

髙尾山信仰を支えた人物像として、江戸周辺における経済活動の結節点に居住し、相応の経済力を持ち、広範な人間関係の中心にあってその取りまとめ役を担っている、という姿が浮かび上がる。

民間宗教者

民間にあって寺社信仰の興隆を促した人物は、半十郎のような裕福な商家や上層農民ばかりではない。同じく民間にあって髙尾山信仰の発展に尽くした足袋屋清八という人物がよく知られている(16)。

清八が髙尾山信仰に関与した、判明している最初の事例は、寛政八年（一七九六）の甲州道中小名路の追分に建てられていた「髙尾山道」の道標となる。もちろん、清八個人の資力ではなく、彼が願主となって勧進をした結果、設置が叶ったというものである。同年、清八は唐銅五重塔の再建を発願し、四年後に完成した塔は高さ約三メートル六〇センチ、台座を含めると五メートルを超える巨大な構造物であった(17)。この塔の建立にあたっては、久留米藩主有馬頼貴が大檀那となったと記録にあるが、清八のネットワークによるものと考えられる。清八が四七歳の時のことである。以降、享和二年（一八〇二）銘の蛇滝道入口への道標建立、近年になって発見された同じ年の琵琶滝道の道標、そして、文化一〇年（一八一三）には八王子追分に「髙尾山道」と、立て続けに道標建立を果してゆくことになる(18)。寛政三年の湯島出開帳から始まり、文化の初頭にかけては、堂宇の建立など髙尾山内にも動きのある時期で、清八の活動は髙尾山の寺勢拡張と軌を一にしている。

清八は、『耳嚢《みみぶくろ》』や『享和雑記』といった随筆集や八王子千人同心組頭塩野適斎の『桑都日記』にも記事が見られるよく名の通った人物で、江戸赤坂裏伝馬町の裏店に住み、ごくごく質素な生活の中、足袋製造を生業としていたが、「呪をするに諸願悉く成就し諸病治せずといふ事なし」との評判で多くの人々の信望を集めていたという。元は紀伊徳川家に出入する人物で、早駈けを得意とし、富士講の先達も務めていた。髙尾山の洗米を分遣したり、一晩の内に髙尾山と江戸を往来するという健脚にまつわる逸話も残されている。髙尾山の文政出開帳（一八二一）の際には紀伊徳川家に葵紋付提灯を要望したり、有馬頼貴を先の五重塔建立の大檀那とし得たのも、また、度々の道標建立の資金を集め得たのも超人清八の声望であったと考えられる。

先達

講中のリーダーが講元で、その下で運営を担ったのが世話人だが、宗教活動を主導した人物として「先達」の存在がある。先達とは本来は修験道における上位者に対する尊称だったが、江戸時代においては、寺社に付属するのではなく代参講のリーダーとして町・村に在る者もそう呼ばれるようになっていた。先輩格・先導者を意味する先達は参詣行の案内を務めたが、特に富士山のような山岳信仰の地への登山にあたっては相応の危険も伴うため、登山に習熟した者が同行する必要があった。講中は月拝みと言うような定例的な集まりを持っていたが、宗教的儀式を執り行うのは先達の役割だった。

髙尾講と先達との関わりは、その全体像こそ詳らかではないが、武蔵国荏原郡馬込村（現東京都大田区）の先達の存在がわかっている[19]。明治二一年（一八八八）に建立された記念碑の文面には、馬込村髙尾講の発起者として先達を務めた平林重郎右衛門の名があり、二代目先達として山崎源蔵、三代目先達として鈴木平吉という俗名が確認できる。

江戸幕府は宗教者を統制するため、特定の本寺・本山（あるいは本所とも言う）による身分保証の義務を課していた。例えば、願人坊主と呼ばれる都市の裏店を布教の場とする下級宗教者の場合なども京都の鞍馬寺が本所となっていたという具合である。先達の場合、身分上特定の寺社に付属する宗教者ではなかったが、修験者あるいは里修験と呼ばれる者が務めるケースも指摘され、その出自や身分のあり方は一様ではない。しかし、幕府の統制外において実質的な宗教活動をおこなっていた人物の存在は、先の清八の例にある通りである。近代に入った後、馬込髙尾講の先達を務めた人々は、それぞれ修験者や神職の資格を取得していた。

御師の不在

寺社と信者との間にあって信仰活動を支えた存在として抜きにできないのが「御師《おし》」と呼ばれる宗教者である。今日一般的には馴染みがなくなってしまったのは、明治維新の神仏分離にあたって、宗教者身分が神職・僧侶と厳密に定義された際、新政府によって宗教者身分を認められなかったことがある。したがって、旧御師は、神職の一員となる例もあったが、そのまま還俗して講社の事務を務めたり旅館経営を生業とするなど分散していった[20]。江戸時代において、代表的なところで伊勢御師、富士御師、江戸周辺では相模大山の御師、武州御嶽山の御師が知られている。

御師とは「御祈師」の略称、あるいは師を敬って呼んだ言い方という説がある。宿坊経営者として参詣者に宿を提供するとともに、護摩供や神楽奉納などの取次をし、定期的に護符の配札をおこなっていた。特定の寺社・霊山に複数の御師が付属していた。宗教者として和泉や河内などの旧国名や刑部や治部などの官職名を名乗り、寺社の門前に坊を構えたり、坊の集落を形成していたが、中には農民身分で御師的な活動をしている者もあった。御師と信者（檀那）、あるいは講中との間には固定的な師檀関係が結ばれており、御師間で檀那場の売買もおこなわれていた。配札活動は御師と檀那を結ぶ一種の営業活動でもあるが、御師の旺盛な檀那場拡張が寺社参詣を活性化させたと言える。

髙尾山の場合、史料上御師の存在は確認できない。宿坊の提供や配札は全て薬王院主導の下、弟子僧や末寺、侍奉公人などが担っていた。なぜ、髙尾山に御師が付属しないかというのは一つの課題であるが、御師の発生の要因として、江戸時代の初頭、山岳信仰の地に拠っていた修験の集団が武力を否定され登拝集落に定住化して御師となったケースが指摘されている[21]。その時期、髙尾山は荒廃に瀕していたことがわかっており、それ以前における修験の集住自体は史料上確認できないのではあるが、少くとも同時期に江戸周辺の他の霊山にあった動向自体があり得なかったという問題はある。そして、御師が活発に活動するような寺社・霊山に較べると、髙尾山信仰の展開は明らかに後発であったと言うことはできる。江戸時代に入り、髙尾山が参詣の地としての態勢を回復するのは、寛永期（一六二四〜四四）を待たねばならない。

三　髙尾山の開帳

普段は厨子の扉を閉じている本尊を、期間を限って公開し、信徒との結縁の機会とすることを「開帳」と呼ぶ[22]。稀少な機会として、多くの人々が群参し、江戸時代には人出をあてた出店などもあって、娯楽的な要素も備えた行事となっていたが、当時の寺社信仰のあり方を示す一側面であり、これにも触れておく必要がある。

開帳には、その寺社においておこなう「居開帳」と、繁華な都市に出張しておこなう「出開帳」があった。

居開帳

髙尾山の開帳としては、年代的には居開帳が先に確認できるので、その歴史から見てみたい。

史料上確認できる居開帳に関する最も古い記録は、天正三年（一五七五）のこととなる。この史料は、髙尾山信仰の歴史を紹介する際に必ず触れることになる、開帳場における乱暴狼藉を禁じた北条氏照の制札である[23]。この文章は、立札に書写されて掲示される性格のものであるが、発給者からは文書によって伝達され、あらためて立札として設えられる。その本文には「右、就于被開当山本尊之御戸」と、まさに開帳の実施される旨が記され、「貴賤上下参詣之輩」、すなわち身分や貧富の差を問わず人々が参集することがわかる。多くの人出ゆえ「於彼堂場、押買狼藉喧嘩口論等之横合被停止畢」と、不法行為の発生も見られたようで、「令違背之族、任大法可処罪科状」と、厳しく罰する旨が記されている。

この制札に記された開帳の時期は、江戸時代の記録には「天正四年丙子年開帳」という記事があり、「天正三年乙亥霜月廿一北条氏照公御免」と注記がある[24]。文書の年次は確かに天正三年十一月であり、制札は居開帳の前年にあらかじめ氏照から発給されていたことになる。その当時、開帳が領主の公許を必要とするものであったかは定かではない。文面は実際に髙尾山の居開帳の場で発生したことを記録したものではないが、当時として、このような開帳場においては、多くの人々が集まりトラブルの発生が見込まれるという普遍的な認識が存在したという解釈ができる。

天正三年と言えば、北条氏照が十余年来の攻防を経て関宿城（現茨城県関宿町）を開城させた翌年で、下野国への進出を始めた年である。最前線は遠く北上し、多摩地域は安定した情勢下にあったのだろうか。しかし、この年は織田・徳川連合軍の鉄砲隊が武田の騎馬隊を破ったことで有名な長篠の合戦があった年でもあり、まだまだ戦国乱世もたけなわという頃、束の間の平穏であった。制札の文面からうかがえる情景は断片的なものでしかないが、戦乱の世にあっても、いや、そうであるからこそなのか、人々の生活の中に社寺への信仰が確かに息づいていることを示している。庶民生活の一挙手一投足が明らかになってくるのは江戸時代のことで、その意味でも氏照制札は実に希少な手がかりと言える。

先の開帳記録には、天正四年に加え、慶長一三年（一六〇八）、寛永一七年（一六四〇）、寛文一一年（一六七一）の実施が記されている。実施年度を含め開帳の周期とされる三三年目に合致しているのは、かえって不自然な感もあり、慶長一三年の頃は寺勢も衰退した頃で開帳の実施は疑わしくはある。傍証史料として、薬王院が幕府に提出した出開帳の願書に、居開帳の実施が、元禄一七年（一七〇四）二月二四日から六月五日、享保一六年（一七三一）、宝暦五年（一七五五）四月一日からの二ヶ月間とある分はかなり具体的な記載であるが、慶長・寛永・寛文の開帳の内実は不明である。

元禄年間は、同一六年の成田山新勝寺の出開帳を出色とし、諸国の寺社の江戸出開帳が盛んになり始めた頃と評価される。元禄一七年という年は、何人もの江戸在住者が髙尾山の永代護摩供養の施主になっていることが確認できる年で、髙尾山での居開帳への参詣がそのきっかけとなったとも推定される。髙尾山の居開帳についての情報が、江戸の町人の間にも伝わっていたことが考えられる。

江戸中期における活発な居開帳

ついで、史料上、確証の得られる開帳としては、幕府に提出した書面における記録には享保一六年（一七三一）と宝暦五年（一七五五）とがあるが、上椚田村石川家の日記[25]によると、享保九（一七二四）・一六・一九・二一年、元文二（一七三七）・三年、宝暦五（一七五五）・一〇年、明和四年（一七六七）、寛政四（一七九二）・七年、文化三年（一八〇六）と開帳の記録がつづき、この間、一年おきから数年に一度という頻度で実施されていたことがわかる。

当時、寺社の開帳は幕府の統制下にあり、実施にあたっては寺社奉行の認可を必要としていた。特に出開帳は三三年に一度という回数に制限されていたように、幕府は、もちろん、人々の過度の出費をまねく開帳や勧化といった寺社による大々的な収益事業を一定頻度に抑える意図を持っていたわけである。しかし、高尾山における居開帳の頻繁な実施は、実態として、公的な手続きがふまれた以外にも、相当な頻度で開帳が実施されていた、つまり、在地における人々の宗教活動は為政者の抑止力以上に活性化していたことを示している。高尾山の場合、元禄の居開帳については寺社奉行の許可を得たとあるが、享保一六年は新義真言宗の役寺と地元管轄の代官に届けたのみ、宝暦五年は役寺への届けだけで実施したとある。この間、幕府の統制も、居開帳については年々緩んでいった傾向が見える。特に、享保一六年からの一五年間には六回もおこなわれており、当時は現存する飯縄権現堂の建立に象徴されるように寺勢の拡張期であったと言える。つづいて、居開帳の実態を先の日記の記述から見てみたい。

享保一六年の開帳は、現存の飯縄権現堂が竣工して最初の開帳だった。二月三〇日から始まり、三月一五日には「扨々おひたたしき髙尾参詣ニ御座候」と「石川日記」に記される人出があった。この開帳に際し、石川家の当主は宮番を務めており、四月三〇日まで六一日の間、数次に分けて合計一四日間薬王院に泊り込んでいる。六月に入ると、薬王院の住職が開帳の際の協力に対する礼のため上椚田村を訪れている。享保二一年の開帳時には「飯縄大権現・薬師如来并末社共惣開帳」とあるが、翌元文二年の開帳は、本尊ではなく弁天の開帳で、開帳によって公開された仏像も異なることがあったようである。

その翌年は、いよいよ薬王院が江戸出開帳を果たす年だった。六月、開帳が閉じた後、本尊が帰山する際、高尾山麓でも開帳が実施された。後年の出開帳の記録によると、地元の多くの人々と協力関係にあり、この時もその返礼の意味もあったのかもしれない。宝暦五年の開帳の際には一五日間の日延べをしたという記載がある。開帳の期日はたいてい六〇日ということになっていたが、期日が延長されることもあった。文化三年の開帳は、前年におこなわれた飯縄権現堂の幣殿・拝殿の再建修理の御披露目だった。

時代は下り、明治二三年（一八九〇）におこなわれた居開帳(26)は、それに先立つ二一年の東京出開帳の際、地元講中に対し約束されたものだった。記録によると、蝋燭立てや鏡といった什器のほかに大幟や花傘が奉納されて開帳場が飾りたてられている。札場が設置され、おみくじもあり、参詣者への食事も提供されていたが、薬王院側の人員配置は享保五年（一九七〇）の御影供執行時の規模と大きな差異はなかった(27)。前年の八月に八王子まで甲武鉄道が延びていたとは言え、まだまだ江戸時代と変わらぬ情景が残っていたようである。

江戸出開帳

開帳には、寺社の所在地でおこなわれる居開帳と、繁華な都市に出張しておこなう出開帳があった。江戸に幕府が開かれ、新興都市として拡張が続く中、関西方面の寺院、さらに江戸近郊の寺院、信濃善光寺をはじめとする地方の著名寺院まで、各地の寺社が江戸で出開帳をおこなうようになった。

寺社にとって多くの布施が見込める出開帳は、修復費用などを確保する恰好の機会だった。寺社が資金を調達する方法としては、諸国を廻って布施を募る勧化があったが、出開帳の方がより効率的な方法であったと指摘されている。ただし、出開帳の実施は幕府の認可が必要で、概ね三三年の周期、五〇～六〇日の日数に制限され、実施の理由（修復費の勧進が主）を必要とした。

出開帳は寺院の境内を借地しておこなわれ、中でも両国の回向院が最もポピュラーな場所で、江戸における出開帳全体の四分の一弱がそこで実施されたと指摘されている。また、浅草や深川など庶民が多く集住する下町方面の寺町で実施される傾向にあった。多くの人々が群参するため、門前には収益を目当てに茶屋や見世物小屋・芝居小屋が立ちならび、出開帳への参詣も、信仰上の動機ばかりではなく、多分に遊興的な性格も加わっていった。江戸での出開帳は一七世紀の後半から始まり、元禄期（一六八八～一七〇四）に最初のピークを迎える。

髙尾山が最初に江戸出開帳を実施したのは、それからしばらく経った元文三年（一七二八）のことだった[28]。四月一日から五月三〇日までの二ヶ月間にわたり本所の大徳院大仏勧化所でおこなわれた後、一〇日の日延べをしている。実施にあたっては鎌倉河岸の町内が世話人を務めている。この出開帳については、実施当時の記録がなく、後年、幕府に提出した文書に実施が記されるのみで、これ以外のことはよくわかっていない。以後、寛政三年（一七九一）には湯島天神、文政四年（一八二一）には内藤新宿の太宗寺、そして文久元年（一八六一）には出開帳のメッカ両国回向院にて出開帳を実施している。開帳と開帳の間隔にはやや長短の異同があるが、江戸時代には計四回実施されている。

湯島天神における出開帳は、本所での初開催から五四年ぶりのことになる[29]。開帳の世話役として、元文の時と同じく、鎌倉河岸町から六人の頭取が出、また、西隣の三河町一丁目からも世話人七名が出ているが、その間、薬王院の側から積極的にそれを構想するのではなく、信徒の側からの発案であったことがうかがわれる。三河町の太田屋徳兵衛は古くからの永代の檀家であったということである。開帳実施の理由は前年八月二〇日の大風雨による諸堂大破の修築費用を捻出するとして幕府に願い出、三月一五日から四月一四日までの六〇日間、飯縄大権現と本地不動明王および山内の霊宝が公開された。

湯島での出開帳の記録として「開帳寄進物記」という帳面が残っており[30]、開帳場に寄せられたさまざまな物品とその寄進者名がわかる。世話人を務めた鎌倉河岸からは四神と大幟が寄進されている。四神とは白虎・朱雀・青竜・玄武のことで、旗か彫像かどのような形態であったかは不明。三河町一丁目からは赤地金襴菊模様の戸帳・打敷・錫瓶子、大手呉服商の伊豆蔵から赤地金襴鶴亀模様の戸帳、同じく三井越後屋から毛氈二〇枚、草加宿の名主大川清左衛門と稗田村新井孫助らから大幟、八王子宿から護摩壇と真鍮仏具・神前修法器。それ以外にも「高尾山」の額、幕、香炉、燭台、燈明用の水油、石燈籠など、開帳場で使用される什器類は信徒の寄進によって賄われていた。また、この時は供物として菓子の老舗虎屋から餅菓子が届けられている。

出開帳の現実

文政四年（一八二一）の内藤新宿太宗寺の出開帳については、薬王院文書の中に詳細な冊子体の記録[31]が残っており、江戸出開帳の実相を知る上で興味深い記述がたくさんある。現在、副都心として繁栄を謳歌する新宿だが、当時は江戸の西の玄関口ではあったものの、本所や湯島に較べると、好適地とは言いがたい場所だった。

冊子の冒頭には、世話人を名乗る九軒の商家の連名により「宿内繁栄ニも可相成ト存候ニ付」出開帳を実施してほしい、市中への立札の設置や開帳場の普請などは引き受ける、という内容の一文が載っている。すなわち、今風に言えば「町おこし」のために出開帳を誘致したい、という申し出であるが、それに薬王院が応えたというわけである。元文、寛政の鎌倉河岸・三河町一丁目が世話人となったこととは若干ニュアンスが異なるものの、開帳場近隣の信徒が出開帳を誘致するという事例は他にも見られることである。

前年の九月、髙尾山主が江戸に出府、新宿の世話人らと会合の後、一七日には寺社奉行方へ出向き公用人野村市左衛門に開帳願の例書を披見するが、開帳場となる太宗寺からも地所貸出の願い書を出すよう指示を受ける。ところが、同寺住職は老年の上、病臥していて、後住を迎えねばならない身であるという事情が判明。また、願い書には同寺を菩提寺とする高遠藩内藤家による添状が必要だったようだが、十月も半ばとなって、どうしたことか同家の目付がそれを差止めるという事態が発生するなど、最初からボタンの掛け違いが発生する。薬王院は尾張徳川家家中の信徒に仲裁を依頼、寺社奉行へも手続き遅延についての理解をとりなしてもらうことになる。公用人野村市左衛門は場所替も示唆するが、薬王院は新宿側の懇願に応えて交渉を継続する。

内藤家との交渉がまとまり、十一月に入ってようやく太宗寺の願い書提出も済み、一八日には寺社奉行方へ出頭、二七日になって実施の認可が得られた。初秋の出府から三ヶ月近くが経過、大雪の日であったと記録にある。

太宗寺は山号霞関山、浄土宗の寺院で芝増上寺が本山だった。内藤新宿の名の謂われは、徳川家康が関東に入国した後、家臣の内藤清成が屋敷地を拝領して居住したことによるが、『江戸名所図会』（斉藤月岑他・一八三六刊）によると、寛永年間（一六二四～四四）に、同所が内藤重頼の所領となった際、当時、小さな草庵であった一寺に地所を与え、寺号を太宗寺とさせたということである。同寺は内藤家の菩提寺となり、門前を中心に町場が発展した。

年が明け、開帳も間近となり、まず、二月二一日に護摩木の荷駄が出発する。護摩木は江戸でも調達できただろうに、わざわざ髙尾山から搬出したことになる。二三日には髙尾山主と本尊が出発。近隣の村から人足五〇人が出て、本尊の納められた長持二棹に従った。二六日、本尊が太宗寺に到着。通常の行程の二倍の日数をかけている。開帳場には「奉開帳飯縄大権現倍増威光利益群生矣」と記された大塔婆が建ち、講中から奉納された大提灯が表門と門前横町入口に掲げられ、八王子講中によって寄進物札掛場の築山が設けられた。市川団十郎から贈られた長さ約一メートルの大提灯二張、呉服商伊豆蔵からの幟二本をはじめ、六尺（約一・八メートル）から一丈五尺（約四・五メートル）

まで大小の幟一五本が林立、開帳場は奉納物で賑々しく飾りたてられていた。

三月一日に開幕し、日延べも含めて七五日間にわたった出開帳だったが、人の入りは今ひとつ伸びなかった。そもそも、湯島の時にも江戸での出開帳は「諸掛り夥敷」「掛り負ケニ相成候」と、収益面での成功は決して容易ではないという指摘があったところ、寛政時に較べても不景気であったこと、両国や浅草といった下町に較べて人出があるとは言いがたい新開地での開帳であったこと、過分な供揃えや折衝先への進物が出費超過の原因になったこと、などが冊子の末尾に記されている。薬王院にとっては教訓の多い三度目の出開帳だったが、出開帳自体が寺社にとって本来の目的を達するような資金獲得の機会となり得たものか、検証の余地があるだろう。

その後、やや間隔があき、文久元年（一八六一）には、出開帳のメッカ両国回向院にて実施されることになった。この時の記録としては、開帳の実施を周知するための立札を各所へ設置したい旨の幕府に対する願い書が残る。立札は五角形で上部に屋根のついた形が図示されており、「開帳　武州高尾山大権現并霊宝」等と記された大中小の立札が計画された。掲出する場所は、中札が浅草雷門前、上野広小路、芝・田町札之辻、本郷追分、今川橋、根津、深川八幡前の七ヶ所、小札は、両国広小路、千住大橋、江戸橋、芝神明前、湯島天神前、本所五ツ目、市ヶ谷八幡前、日本橋、四ツ谷大木戸、目黒不動前、永代橋の一一ヶ所とあるが、人々に人気の寺社地や主要街道の始点など、市中から郊外へ抜ける交通の要所が選ばれている。また、紀伊徳川家に対し、同家から寄進された葵紋付の水引、戸帳、幕、提灯で開帳場を飾り立てたいと願い出る書面も残っている。これらの什物類は寛政の湯島天神、文政の新宿太宗寺でも飾られたということである。また、同書には文政時には女中衆の代参もあり、この度も同様に願いたい旨が記されているが、徳川家の威光によって参拝客の入りをてこ入れしようとする意図は明白である。

明治期の東京出開帳

明治維新を迎え、江戸は東京と名称が改まる。明治新政府によって寺領を収公され、苦境にあった薬王院が、さらなる災禍に見舞われたのが明治一九年（一八八六）九月のこと。台風による裏山の崩落によって本堂その他の堂宇が大損害を蒙ってしまった。翌年から再建費用の勧進が始まるが、当時の山主百済範真は、東京における髙尾山信仰の低調を嘆いている。(32) 幕末の段階では江戸にも相当の知名度がうかがえるが、それから二〇年ばかりの間に大きな落差が生じたわけである。

明治二一年の東京出開帳は、本堂修復もさることながら、維新以来退潮を続けた東京における髙尾山信仰を復興する起死回生の大事業でもあった。しかし、江戸時代の出開帳が、莫大な物入りに対し大幅な黒字を出す程には布施が集まるものではなかったことは先に触れた通りである。成功のためには周到な事前準備が必要だったが、成田山新勝寺や川崎大師平間寺とその講中とも綿密な連係が図られた。

四月二二日。前日までの悪天候が一転好天に恵まれた。正午に山上を出立した本尊と山主一行は、不動院前で数百人の地元関係者の出迎えを受ける。行列は甲州街道を進み、やがて「小名路（新旧道の追分付近）ヨリハ凡千人余ノ人トナル」という盛況を呈する。「八王子町ニ至レハ立錐地ナキニ至ル」状況で、前途に期待の膨らむ出開帳の門出となった。二五日、開帳場である深川不動堂に到着、とある行程は文政時と同じ四日間である。「其盛事ナルコトハ到底筆紙ニ尽シ難キ古今未曾有ノ出迎ナリ」「神田（神田明神）・山王（日枝神社）ノ両大祭合併ヨリも、尚甚大ナリ」という空前の人出となった。深川の不動堂は成田山新勝寺の御旅宿であり、成田不動の人気に便乗するような形にもなった。二八日には「本日ヨリ日参スルモノ弐千五百名申込」と、多くの参詣者を集めた東京出開帳は、盛況の内に六月八日幕を閉じた。

「今般之出開帳ハ先盛大之結果ナリ」と評された東京出開帳だったが、それでも、多分の経費も伴って収支としては不足という結果だった。百済範真による記録は「是無拠仕合ナリ」、すなわち「仕方のないことであった」と締め括られているが、そこには相応の満足感がにじむ。記録のはしばしにも、髙尾山飯縄不動の存在をアピールするには充分な手応えのある盛況ぶりが見えたが、収支として大幅な黒字が見込めるものでは元々ないという認識があったのだろう。

註

（1）講活動に関する総論的な研究については桜井徳太郎『講集団成立過程の研究』（吉川弘文館、一九六二）を参照。また、関東南部における山岳信仰の講活動に関する最近の研究として、西海賢二『武州御嶽山信仰』（岩田書院、二〇〇八）、同『富士・大山信仰』（岩田書院、二〇〇八）、同『東日本の山岳信仰と講集団』（岩田書院、二〇一一）がある。
（2）『髙尾山薬王院文書』二―五〇九号文書
（3）『髙尾山薬王院文書』二―五三三号文書
（4）村上重良『成田不動の歴史』（東通社出版部、一九六八）
（5）社寺参詣に関する研究は枚挙に暇がないが、前掲註（1）西海著書のほか、新城常三『新稿社寺参詣の社会経済史的研究』（塙書房、一九八二）、西垣晴次『お伊勢まいり』（岩波新書、一九八三）、岩科小一郎『富士講の歴史―江戸庶民の山岳信仰―』（名著出版、一九八三）、宮田登『山と里の信仰史』（吉川弘文館、一九九三）、地方史研究協議会編『都市・近郊の信仰と遊山・観光―交流と変容―』（雄山閣出版、一九九九）、池上真由美『江戸庶民の信仰と行楽』（同成社、二〇〇二）、平野榮次『平野榮次著作集Ⅰ富士信仰と富士講』（岩田書院、二〇〇四）、原淳一郎『近世寺社参詣の研究』（思文閣出版、二〇〇七）などを挙げておく。また、山岳信仰を含む関連の文献は巻末に掲げる。研究史は原淳一郎氏の著書によくまとめられている。
（6）『髙尾山薬王院文書』二―五〇七号文書
（7）『髙尾山薬王院文書』二―五一〇号文書
（8）『髙尾山薬王院文書』三―六一〇号文書

(9) 拙稿「高尾山信仰圏の構造と展開―文化六年『江戸田舎日護摩講中元帳』の分析―」(『法政大学大学院紀要』三一号、一九九三)、同「近世における高尾山信仰―信仰形態の概観と信仰圏―」(村上直編『近世高尾山史の研究』名著出版、一九九八)

(10) 拙稿「大和田宿・文久三年五月「往来旅人止宿銘々覚帳」にみる成田山参詣者の動向」(『房総路』三四、一九九六)

(11) 『高尾山薬王院文書』二―五二四号文書

(12) 『高尾山薬王院文書』三―五四一号文書

(13) 『高尾山薬王院文書』二―五二七号文書

(14) 拙稿「江戸周辺地域における霊山信仰の護摩札配札圏の形成」(関東近世史研究会編『近世の地域編成と国家』岩田書院、一九九七)

(15) 『高尾山薬王院文書目録』(法政大学多摩図書館地方資料室、一九八七)所収　9．信仰―一七

(16) 足袋屋清八の動向については吉岡孝「近世後期における寺院の新動向と社会変容―紀州藩・薬王院・足袋屋清八―」(『法政史学』四六、一九九四)に詳しい。

(17) 唐銅五重塔の建立については、會田康範「近世の開帳に関する一考察―『高尾山薬王院文書』にみられる開帳記事を中心として―」(村上直編『近世高尾山史の研究』名著出版、一九九八)に詳しい。

(18) 縣敏夫『高尾山の記念碑・石仏』(高尾山薬王院、二〇〇七)という労作がある。

(19) 平野榮次「馬込の高尾講のこと(1)」(『史誌』二一、一九八四)、同「馬込の高尾講のこと(2)」(『史誌』二四、一九八六)

(20) 神仏分離と御師の動向としては、例えば、武蔵御嶽神社の事例がある。齋藤典男『武州御嶽山史の研究』(隣人社、一九七五)

(21) 圭室文雄編『民衆宗教史叢書二二　大山信仰』(雄山閣出版、一九九二)、註(20)齋藤著書。

(22) 江戸出開帳については、比留間尚『江戸の開帳』(吉川弘文館、一九八〇)、また、日蓮宗寺院の事例であるが北村行遠『近世開帳の研究』(名著出版、一九八九)がある。

(23) 『高尾山薬王院文書』一―七号文書

(24) 『高尾山薬王院文書』三―六二一号文書

(25) 『石川日記』(一)～(八)(八王子市教育委員会、一九七七～一九八六)

(26)『髙尾山薬王院文書』二―五二七号文書
(27)「年々諸用記」という備忘録(『髙尾山薬王院文書』三―五八九号文書)に御影供執行に関する記事がある。
(28)『髙尾山薬王院文書』二―五〇七号文書
(29)前掲註(28)に同じ。
(30)『髙尾山薬王院文書』二―五〇八号文書
(31)『髙尾山薬王院文書』二―五一〇号文書
(32)明治二一年(一八八八)「高尾山東京出開帳日記」(佐脇貞憲編『黙堂範真和上雑纂』海住山寺、二〇〇四)

第六章　名所としての髙尾山像の形成

一　参詣者を迎える諸施設

髙尾山の諸堂宇

現在、髙尾山上には本尊を祀る大本堂（明治三四年・一九〇一建立）があり、その脇から石段を登った一つ上の平地にある飯縄権現堂は、本殿の上棟が享保一四年（一七二九）、翌年には幣殿・拝殿が建立され、以後、数次にわたって修復が加えられている。この二棟を中心に伽藍が形成されているが、江戸時代に遡る他の堂宇としては、大本堂前の仁王門、大本堂脇の大師堂、奥ノ院不動堂の三棟となる。

髙尾山の堂塔に関する史料上の初見としては、永禄三年（一五六〇）の北条氏康による寺領寄進状にある「薬師堂」の文言となる[1]。髙尾山八世源実による薬師堂修造の勧進案に見える「前代は金銀を以って磨ける堂塔有り、坊千余」（原文漢文）は誇張があるにせよ、「今一院に僧四・五口有り」と荒廃の時期があった[2]。江戸時代に入り、寛永一四年（一六三七）の史料に「飯縄・薬師堂宮」「薬師堂の近所いつなの宮」という文言があり[3]、江戸後期になり『武蔵名勝図会』[4]の挿図には、現在の大本堂の位置には一回り大きな薬師堂を中心とし、向かって左に護摩堂、右に大師堂が並んでいる。この三棟並んだ形態が史料上確認できるのは寛政二年（一七九〇）の「当山絵図面下書」まで遡れる[5]。現在、東京都の重要文化財にも指定されている奥ノ院不動堂は元の護摩堂で、江戸初期の建築とされており、その存在を考えると寛永の再興時に三棟が並んだ形で再建された可能性が考えられる。その間、延宝年間（一六七三～八一）には火災があり、薬師堂・仁王門がともに焼失、現存の仁王門はその後の貞享元年（一六八四）六月の再建とされる。大師堂は後世の修築によって旧護摩堂とは若干形態を異にするが、似た印象の方形造りの小堂である。明治の大本堂の建立を機に、同じ平地の隅に九〇度向きを変えて移築された。『名勝図会』では大師堂となっているが、江戸後期には大日堂と呼ばれており、移築後は大師堂と呼び替えられた。なお、薬師堂は明治一九年（一八八六）の崖崩れによる崩壊の後、解体され、法類の大光寺の本堂として移築された。

現在、書院・大本坊のある位置には、かつて本堂・書院・庫裏があった。本堂は明治一九年の崖崩れで倒壊、書院・客殿は昭和四年（一九二九）の大火で焼失した。この他、江戸時代の建造物で現存しないものは、山上の伽藍においては隠寮であった証寂庵、塔頭《たっちゅう》の蓮華院、表参道途中にあった塔頭浄土院、表参道登山口脇の不動院などがあったが、上椚田村在住の宮大工小町氏のご子孫である小町和義氏の論考[6]に詳しいのでそちらに譲りたい。本書では、以下、薬王院文書から明らかになった堂塔に関する動静をまとめてみたい。

鳥居の建立

寺院であるはずの薬王院になぜ鳥居があるのか。これは江戸時代以前の「宗教的聖地」のあり方の名残と言える。その状況を表す適当な用語がないため「宗教的聖地」などという言い回しを用いたが、かつて霊山と呼ばれる場所には自然の造形としての神体・本尊（山体や奇岩など）や複数の社殿・堂舎が集まっていた。大規模な所は、神社も奥宮・上宮・下宮に分かれていたり、寺院も大小様々な塔頭が建ち並ぶ状態だった。現在でも京都の大きな寺院を訪れると、広い境内の中に塔頭が軒を連ねているのを見かける。

こうした姿を一変させたのが明治維新の神仏分離令だった。神社を残した聖地では、寺院は破却されるか他所へ移転させられ、寺院として存立を決めた聖地もまた、社殿やその摂社・末社は分離され、寺領収公による経済的なダメージによって塔頭の多くも廃絶した。髙尾山にもまた、飯縄大権現を祀る社殿があり、薬師・大日を祀る堂舎があり、塔頭もいくつかあったが、寺院として神社色を払拭するために鳥居は撤去され、本尊飯縄大権現は「飯縄不動」と呼び替えられた。呼称は変わっても髙尾山信仰の中で「飯縄大権現」の称号は生き続け、やがて極端な神仏分離策が後退すると飯縄大権現の公称が復活し、社殿の前には再び鳥居が立った。

現在、飯縄権現堂の前に立っている鳥居は、江戸時代には二之鳥居として石段の下に東向に立っていた。『新編武蔵風土記稿』(7)には、姫路藩主酒井雅楽守忠道の染筆による「飯縄大権現」の額が掛っていたとされている。一之鳥居は表参道の登り口、現在の不動院の脇に立っていた。不動院の敷地からは鳥居の基部が発見されている。一之鳥居の「髙尾山」の額は、同じく『風土記稿』によると松平定信の筆と伝えられる。嘉永七年（一八五四）の再建の記録(8)によると、作事を請け負ったのは相模国愛甲郡半原村（神奈川県愛川町）の「半原《はばら》大工」という江戸城の修復も手がけた大工集団だった。高さ七・二メートル、柱間四・三メートルで、控柱のついた六本足の豪壮な鳥居と推定されるが、わずか十数年の後明治維新の際に取り払われねばならない運命だった。

髙尾山にはもう一つ、幻の鳥居とも言える鳥居の逸話がある。宝暦六年（一七五六）に地元上椚田・上長房の村人が鳥居の建立を願い出ている(9)。当時、髙尾山に参詣するには、現在の小名路の追分（甲州街道の新・旧道の分岐）を越えた辺り、駒木野関所の手前で左手の間道に入る必要があったが、多くの旅人が迷っているのを見かねた村人が目印の鳥居建立を発願したのだった。しかし、この鳥居は実際に建立されたのか定かではない。後の文政年間（一八一八～一八三〇）の地誌や旅日記に記述はなく、別に「左り高尾山道」と刻まれた大石柱の存在が記されている。

ただしその場所には髙尾山の表玄関にふさわしい逸話もある。甲州道中から髙尾山へ向かう間道には駒木野関の裏関である落合口留番所があった。参詣客に対する規制は緩く、番人は地元の村人が薬王院から給金を貰って勤めていた。[10] 小名路から先はもう髙尾山の内という慣わしだったのだろうか、一九六〇年代の中頃まで、三月二一日の祭礼の折、小名路の追分を中心に露店が並び、近隣の人々で賑わっていたという話も残っている。[11] 鳥居はなくとも、その場所こそが髙尾山への入口として認識されていた名残りではないかと考えるが、京王電鉄の高尾山口駅ができてからは参詣者の往来も稀となった。

唐銅五重塔

髙尾山の境内を撮影した古写真の中には、人の背丈の何倍もある銅製の五重塔が映ったものがある。今はないこの五重塔に関する人々の記憶は薄れつつあるが、波乱のエピソードを持つ謎に満ちた塔でもある。

江戸時代後期の地誌類にはこの塔に関する記事が例外なく見られる。『新編武蔵風土記稿』には、「五重塔　唐銅ニテ作ル。庭中北ニ寄テアリ。高サ台石トモニ一丈七八尺」と記されている。「庭」とは、現在の四天王門や信徒休憩所のある広場のことで、一丈八尺（約五メートル四五センチ）とかなりの大きさがある。もちろん、一組の鋳型で鋳造できるような単純な造りのものではない。つづいて、「金胎両部ノ大日如来二尊ヲ安ス。長各七寸（一寸＝約三センチ・約二一センチ）ハカリ坐像ナリ。ソノ余（外の意味カ）薬師・宝生・弥陀。釈迦ノ四仏。坐像ニテ長各六寸。並ニ脇立アリ。コレモ坐像ニテ長三寸ツヽ。四隅ニ持国・増長・広目・多聞ノ四天アリ。長各八寸。イツレモ銅像ナリ」とあり、外見の大きさばかりではなく塔の内部もかなり細かく造りこまれた、造立当時は金色に輝く豪壮な塔であった。

塔基には「文化九壬申　武州髙尾山薬王院現住　権大僧都法印秀神」の名による縁起が漢文で記されていたが、そもそもこの塔は、戦国時代の元亀元年（一五七〇）三月、当時、関東の太守として君臨していた北条氏康によって寄進されたものだということである。氏康と言えば、永禄三年（一五六〇）付の薬師堂の修復料とする旨の土地の寄進状が薬王院文書の中に残っている。その後、享保二年（一七一七）正月の暴風による倒木により倒壊したが再建の目処が立たず、年数ばかりが経ってしまったという。寛政年中（一七八九～一八〇一）になって飯縄大権現を崇敬する久留米藩主有馬頼貴がこの経緯を知り、再建の助成をおこなった。同時に江戸在住の清八という者が再建の合力を志願したとのことである。

有馬頼貴は久留米藩八代藩主。有馬家の名が髙尾山史の中に出てくるのはこの時だけで、一九世紀以降の檀家帳の中にその名は見られない。その信仰の実態はよくわかっていないが頼貴が塔再建の大檀那となったことは、他の記録からも確認できる。それから、清八は足袋屋清八と言い、赤坂に居住する民間宗教者で、何ヶ所もの「髙尾山道」の道標寄進の世話役を務めたり、出開帳の実施にも関わるなど、髙尾山信仰興隆に対する貢献もなみなみならぬ人物である。寛政の五重塔再建はその最大の功績とも言える。早駆けなど超人的な逸話を持つ清八は、加持祈祷もおこない、富士信仰などを通して人々の崇拝を集めていた(12)。

さて、縁起文の中で気になるのは、最後の部分にある、しかしながら幕府の禁制によって建てることを得ず、秀神の弟子方道が江戸に赴き、寺社奉行松平康定に請願し、ついに許可を得たという部分である。

寛政一〇年六月、幕府は次のような触れを出した(13)。

仏像撞鐘等之儀ニ付御書付

一、唐銅ニ而仏像或ハ撞鐘、鳥居、燈籠之類を造、町中往還江出し置、勧進いたし候儀、先年も相触候通、堅く停止せしめ候

一、総而銅像石像木像ともニ丈二尺を限り可申候、其余撞鐘、鳥居、燈籠之類も、人造之儀ハ一切停止せしめ候

（後略）

当時、社寺参詣の興隆にともない、盛んに堂宇や仏像が建立される状況があり、幕府としては、人々の過分な出費を戒めようという意図があった。

北条氏康ゆかりの塔の再建も、費用の目処がつきながら差し止めの危機に陥ってしまったが、翌年七月、取り片付けてあった残骸を用いて古来の寸法通り再現するのであって新規の造立にはあたらず、すでに四ヶ年もの年月をかけて完成を間近に控えていることを理由に、特段の許可を求める願い書を寺社奉行宛に提出した(14)。

塔の最初の建立者が北条氏康であったということは、この事件に関する書面と、塔基の縁起に記されるのみで、経費の目処がつかず再建がならなかったとは言え、倒壊した享保二年からはすでに八〇年近くが経っており、建立の経緯自体については史実として必ずしも明確とは言えない。

この時、願いは幸いにも聞き届けられたが、事は順調にはこばなかった。翌年九月、今度は、問題の塔がなかなか完成を見ないことに疑念を持たれ、前々年六月の触れでは、唐銅で作った仏像等を町中・往還（道路）に引き出し、勧化をして人々から布施を取ることも禁じられていたが、その嫌疑を寺社奉行から糺されるという事態になる。薬王院側の返答では、最後の最後になり資金が手詰まりになり、また、鋳傷を直したり、細かい細工をしたりという作業に手間取り完成が延引していること、勧化と疑わしき件については、神田鍋町の鋳物師方に留め置いて何か事故があっては困るので、また、何れは甲州道中経由で高尾山まで運ぶのであるから、できた部分から便のよい赤坂辺りに引き取る途中、心得違いの者が布施を受け取ってしまったと弁解、一一月三〇日までの完成・引取の延期を願っている。

ところが期限が来ても塔は完成せず、なお一〇日の日延を願い出、一二月一〇日にようやく引取の届出をおこなう始末だった。年明け、薬王院は世話人ともども寺社奉行から呼び出しを受け、二月、鋳物師方から引き取りの最中に勧化に紛らわしき事をおこなった件について裁許が言い渡された。上包みもせずに市中を運び、往来の人々から布施を取ったことは不埒であるとして、清八他一人が「叱り」、他の二人が過料銭（罰金）三貫文を申し渡された。薬王院に対しては特段の沙汰はなかった。結局、塔の再建自体が差し止められることはなかったが、塔が髙尾山上に据えられるまでにはなお時間が必要だった。享和二年（一八〇二）、ようやく塔の台座を築くための石が山上に搬入されている。そして、塔基に刻まれた縁起文の年次は、文化九年（一八一二）。再建に着手した寛政八年からは、足かけ一七年もの歳月が過ぎている。

後世、寛政三年（一七九一）の湯島出開帳を回顧する記録には、当該期の江戸は好景気で開帳をおこなう好機であったとあるが、その時期の塔の再建は、社寺参詣流行の全般的な流れの中にも位置付けられる。建立の遅延は、むしろ、由緒ある塔の再建という話題性を意図して引き伸ばしたようにも考えられる。そして、文化六年（一八〇九）に三、四章で詳述した護摩檀家帳の成立を見るなど、塔の再興は、当該期における髙尾山信仰の発展と薬王院の寺勢拡大の意思を感じることができる。

塔のその後であるが、関東大震災の折に倒壊したと言われている一方、昭和二年（一九二七）刊行の『高尾山誌』(15)にはその記事が出てくる。同書の記事が書かれたのは震災以前という見方もできなくはなく、戦時下の金属供出の際に供出されたという説もあるが、その時にはすでに残骸であった可能性も高いと思われる。

宿　坊

山岳霊場は、本来、修行の場として人界から遠く隔たった地にあるべきものであるが、髙尾山の場合、やがて甲州道中という基幹道路が間近に付設されたことで、他の霊山・霊場との違いが出たと言える。江戸が徳川氏の本拠となり日本一の大都市に発展したことが、髙尾山のその後の環境を大きく変えたと言ってもよいであろう。

各地の霊山・霊場には参拝者を宿泊させるための登拝集落が形成されたが、髙尾山の場合、最寄りの甲州道中沿いにも数軒の宿屋が並んでいたものの、何と言っても八王子宿という沿道随一の町場があった。『多波の土産』(16)という紀行文では、昼食を八王子で摂った後、髙尾山を訪れて参拝を終え、「夕七ツ頃（午後四時頃）」、急いで帰途に着いたという記事がある。このような事情から、髙尾山最寄りに宿坊が軒を連ねることはなかったが、参詣者が薬王院に参籠する事例はある。

本堂の前に安置されている寛永古鐘の銘には「無明の睡りを覚し、旅客の装を促す[17]」（原文漢文）という一文がある。鐘銘は寛永八年（一六三一）のもの。これは、その頃には参詣のため山内に宿泊する者があったことを示唆している。ただし、この時期は荒廃していた山内がようやく復興され始めた頃のことで、江戸後期の絵画史料に見られるような宿坊が整備されていたかどうかはわからない。

時代は下って、江戸中期に作成された「年々諸用記[18]」という備忘録には、宿泊の様子を伝える興味深い一文がある。享保四年（一七一九）六月二日付の「冨士参詣泊り」という記事があるが、そこには、「兼而米壱弐俵つき置、二日の朝ゟ汁のミ（実）、すあへ（酢和え）・くさきなど用意、ちゃ（茶）いり（煎?）置」と、この頃すでに参籠者に食事が供されていたことがわかる。また、「あんとん（行灯）・ほんほり（ぼんぼり）・丸ちゃうちん（提灯）心（芯）かけ」と、灯火の用意も記され、大勢の旅客を迎えるために慌しく準備がなされた様子が浮かぶ。そして、「はたご百文銭卅二文」とあるので、宿泊は有償であったこともわかる。この時は五二人が宿泊し「毎年ノ者も有之」と宿泊の受け入れはある程度恒常化された対応とうかがえる。別に「六月廿七日ゟそろ〳〵大山参詣」「尤泊有用意」とも記されている。現在、四天王門をくぐった広庭の端には「大山道」の道標が残るが、ここから相模の大山不動を目指して旅立った、あるいは大山から到達する者があったことを示している。

江戸後期になると髙尾参詣に関する地誌・紀行文の記事も散見されるようになる。『新編武蔵風土記稿』には、宿坊としての建物自体の言及はないが、書院に関する記載の最後に「登山ノ旅客日夜ニ憩息スル者若干人タユル事ナシ」と、参籠者の相当数あることを記している。同じ時期の『高尾山・石老山記[19]』（文政一〇年）には宿泊者の体験談が記されており、「庫裏に至りて一宿を乞ひ、足そ、きて案内につれて座敷ニ入る、常に泊る人々か多しと見へは、万事なれて風呂も程なく出来たり」と書かれ、水の不自由な山の上ながらその頃から風呂まで焚いていたことがわかる。「厨に行て井を見るニ、か、る高山の頂に掘たれハ水底まて三十尋に及ふと言、下男二人向ひて綱を引あぐ」と、山上に井戸があったことが記されている。「一尋《ひろ》」は六尺で、おおよそ五四メートルということになる。「其夜寺僧来りて物語す」と、万事に旅客慣れした形式的な応対ばかりでもなかったようで、その情景が日に浮かぶようである。

時代は下って、幕末近くの成立と考えられる『八王子名勝志』[20]には参拝者を泊めた建物自体についての言及がある。薬王院表門を入り本堂（現在の書院の位置）の奥の方には書院その他多くの建物が連なっており、書院の「内玄関の傍に廻廊ありて往来をうち越し、別家向ふ屋敷への通路とす。此向屋敷といへるハ（中略）信者の詣人当山に祈願の事ありて護摩を焚き神影護符等を乞る輩、皆御篭と号《なづけ》て旅泊に及び」ということだが、ちょうど現在の客殿の位置に二階建てで崖にせり出すように、足元には石垣を組んで建っている様子が挿絵に描かれている。この薬王院境内の崖際に建つ建物は、『風土記稿』の挿絵にも描かれており、すでに一九世紀の初頭にはこの「宿坊」としての建物があったと理解して差し支えはないようである。

薬王院における食事事情

先述の江戸時代中期に作成された「年々諸用記」という備忘録には、薬王院の台所に関わるさまざまな記事が散見されて興味深い。

その中には、「亥（享保四年・一七一九）之醤油仕入（込）」として、「大麦六斗、大豆六斗、小麦三斗五升いり申候、右小麦ハ六月廿四日ニいり、右大豆・大麦洗仕入廿五日、右廿六日ふかしねかし」と、その製法が記されており、当時、薬王院では醤油を自製していたことがわかる。また、「中味噌　大麦壱石、糀ふすま引八斗ニ塩四斗、此桶数五桶と小桶七分め」、「極上本糀味噌」「大豆八斗、本糀六斗五升」「塩弐斗四升但三合塩、此塩かげんニ而ハあまく可有御座候間、重而入可然候」というように、複数種類の味噌が作られ、備蓄のためかなりの量が仕込まれていたようである。また、「こま壱升ニ油三合五勺出」と、胡麻油も自家製だったようである。

同帳には享保四年の弘法大師御影供の執行にあたって用意された食事の献立も記載されている。「一、朝かゆ　ごましお（胡麻塩）」「一、いりたうふ（炒豆腐）・こほう（ごぼう）・大こん・くさき・まめ」「一、酢あへ　大根・人参」「一、汁ざく〳〵　な（菜）・たうふ（豆腐）」「一、煮物　牛房（ごぼう）・あづき（小豆）・大根」「一、御めし」「香の物」「青あへ　うこぎ」「平盛　たうふ（豆腐）・くす（葛）かけ・しゃうゆ（醤油）ニて」野菜の和え物となっている「うこぎ」は、ウコギ科の落葉低木で、若葉や若芽が食用にされるほか、根皮を干したものが強壮剤として用いられ、タラノキ・ヤツデ・チョウセンニンジンがこの科目に含まれる。「くさき」の意味はよくわからないが、「臭木」というクマツヅラ科の落葉低木が、やはり若葉を食用とするとのことである。この献立は何時・誰のための食事であったかは記されていないが、当時、山の中で供される食事としてはかなり豪華なものと言ってよいだろう。この時は、参詣者の坊入《ぼういり》に備えて料理人が三名雇われており、執行に関わった僧侶や関係者ばかりを対象としたメニューとは考えにくい。

一方、先に見た富士参詣者への食事提供については「米壱弐俵つき置、一日の朝ゟ汁のミ（実?）、すあへ（酢和え）・くさきなど用意、ちゃ（茶）いり置」と、対照的に質素であるが、朝食の献立ということも考慮に入れねばならない。

時代は下り、弘化二年（一八四五）の「諸雑費附込帳[21]」という出納簿には、食材購入に関する記述がある。それによると、享保の頃には自製していた「醤油」「赤味噌」「胡麻油」といった調味料がこの頃には購入によって賄われていたことがわかる。他には「酢」「味醂」「黒砂糖」「白砂糖」「セうか（生姜）」など。酢と胡麻油の購入頻度が高くなっている。穀類は「米」「小麦粉」「小豆」「白黒豆」「そば」など。加工食品として、「豆ふ」「油あげ」「焼豆ふ」「切ほし（干）」「こんにゃく」「かんセふ（観世麩）」「素麺」「餅」の名が見えるが、この中でも豆腐の頻度が特に高く三〜六日ごとに購入されている。野菜類も「長いも」「はす」「茄子」「木瓜」「大根」「さつま芋」「里芋」などが見えるが、頻度はあまり高いものではなく、通常は山内で自製したものを用いていたと思われる。「梨子」「羊かん」「ひくわし（干菓子）」「かき」「金平糖」「みかん」といった記載もあるが、これらは、祭事の供物として購入されたものだろう。

茶屋

他に参拝者のために設けられた施設として茶屋がある。薬王院本堂の向かいにあった茶屋について、『新編武蔵風土記稿』では「接待湯呑所」、『八王子名勝志』には「接待茶屋」という名称が出てくる。『髙尾山誌』（昭和二年・一九二七）にも「設待茶屋」というよく似た名が見えるが、場所は本堂の前ではなく広庭の崖際になっている。同誌は、琵琶滝近くに「二軒茶屋」があったことを記しているが、この辺りにはすでに、安政六年（一八五九）には八王子宿の者が参拝者に飲食を供していたことがわかっている。もっともこの時は薬王院には無届の営業だった。万延元年（一八六〇）には、茶屋営業の議定書が薬王院の山内取締役の寺侍宛に提出されているが、「二軒茶屋」と差出人の肩書が記され、常設の店舗として営業する意向であったことがうかがえる[22]。

差上申議定一札之事

一、今般御瀧籠堂御出来ニ付、私共両人常例之客人例立罷出候儀者随役無之筈取極候事

一、半助儀者茶之外食物之分諸色売出し、且常客之外一切昼食差出し候事、

一、栄吉儀者茶を売茶代申受、且にきりすしを売、其外食物者半助方ニ而取計候事、右之通御立会被下議定取極候上者、向後共聊違失無之筈、若万一違犯仕候ハヽ、其者可為落度、右ニ付何様被仰聞候共一言之申訳無御座候、為後証議定書差上申処如件、

高尾山
二軒茶屋
栄吉㊞
半助㊞

万延元年申六月

川村恵十郎殿

議定書には茶を出すほかに「にきりすし」を売るとある。今日の江戸前寿司のようなものであったかは不明ながら、寿司と称するものが出されていたことになる。その翌年には尾根の反対側となる蛇滝近くでの茶屋商いの願いも出されている。[23] 前年に蛇滝の改修があり、多くの参拝者を集めていたということだが、参拝者の増加には、安政二年に出版された高松勘四郎の「武州高尾山略絵図[24]」の影響もあったのかも知れない。

二　山内名所

高尾十勝

庶民参詣の対象として発展した高尾山は、次第に名所としての性格を帯びるようになる。当時の社寺参詣に「物見遊山」としての性格が指摘されるのは言うまでもないが、庶民文化の進展とともに、盛んに各地の名所・旧跡が宣伝

されるようになる。[25]いわゆる「〜八景」などといった景勝地が登場し、一見の価値のある場所として喧伝されるわけである。『新編武蔵風土記稿』（文政五・一八二二「多磨郡之部」完成）は、「十勝」として、髙尾山内の「古より歌人墨客のもてはやす所」という十ヶ所の景勝地を挙げている。ここでは、髙尾山内における景勝地や堂塔との関わりから、信仰霊山にまつわるさまざまな事象を提示してみたい。

『風土記稿』に記された髙尾十勝とは、「薬王殿」「威神台　スナハチ飯縄社ナリ」「白雲閣　薬王院ノ書院ナリ」「紫陽関　山中ノ高峰ナリ」「海嶽楼　山下ノ広庭也。眺望イトヨシ」「望墟軒　浄土院ニアリ。此所ヨリ北条氏照ノ丘墟ヲノゾム」「七盤嶺」「雨宝陵」「琵琶瀑」「鳴鹿澗」の十ヶ所となる。

山上の名所

「威神台」＝飯縄権現社は髙尾山内の宗教施設の中核となる。手前から拝殿・幣殿・本殿と並び、各々の建物が連結された権現造という建築様式をとっている。拝殿向拝蝦虹梁をはじめ外壁の朱・緑を主とする彩色による彫刻が見事である。享保一四年（一七二九）に本殿が上棟、翌年には幣殿・拝殿が建立され、以後、数次にわたって修復が加えられたが、十勝が登場した文政の頃には今日と同じ威容を誇っていた。[26]

宗教施設の中核としてそれと並ぶ「薬王殿」は、現在の書院の位置にあった旧本堂のことになる。寛政一〇年（一七九八）の建立。間口九間（約一六メートル）・奥行七間（約一三メートル）と、当時、山内では一番大きな仏堂で、大日如来と不動明王を本尊として祀っていた。明治一九年（一八八六）、裏山の崩落によって倒壊し、明治三四年（一九〇一）に場所を移して現在の大本堂が落成している。

「紫陽関」は『武蔵名勝図会』の説明に「寺より西、第一の高峰なり」とあるので、薬王院から一六町＝約一・六〜七キロほど登った髙尾山頂のことを指すと考えられる。かつては「十三国見晴台（十三という説もある）」と呼ばれた景勝地で、現在も木々の合間から相模平野が一望の下、また、天気のよい日には遠く富士山を遠望することができる。富士のある西方は天気のよい日の日没前はまさに「紫陽」にふさわしい眺望となる。また、『風土記稿』には「コノ所ノ字《あざ》ヲ鷹取場ト云。四辺トモニ眺望アリ。寺ヲ隔ル事一六丁ハカリ」とある。山頂部は確かに開闊地で、その地名は享保年間（一七一六〜三六）に度々実施された幕府と紀伊徳川家の鷹匠による鷹の放生にふさわしい場所としてその関連が浮かぶ。

「白雲閣」「海嶽楼」「浄土院」といった建造物は現存していない。江戸後期と今日とでは山上の伽藍構成もかなり異なるが、現在の四天王門のかわりに当時は黒い冠木門があり、その向こうの平地を広庭と言うが、現在、信徒休憩所のある側に海嶽楼とも呼ばれた蓮華院という塔頭《たっちゅう》があった。『名勝図会』によると「広庭より一階低きところにあり。薬王院の隠寮なり。二十七坪（約八九平方メートル）許《ばかり》なる平地、南向にて相模川の流れは眼下に接し、南海の白波は天とひとしく平らに、白帆日に映じて動き、金亀山（江ノ島）は雲間に浮かび、瞻望の興尽しがたし（中略）その傍に「相州大山道」の牓示あり」と、その眺望が賞されている。また、『風土記稿』では「広庭客寮後へ石段下リテ平地ニアリ（中略）本堂四間（約七メートル）ニ五間（約九メートル）。南向ナリ」と記されている。

白雲閣と呼ばれた書院は安永年間（一七七二〜八一）の建立とされ、『風土記稿』は「十間（約一八メートル）ニ三間（約五・五メートル）。白雲閣ト号ス。此所ハ山ノ崖端ニテ頗ル眺望ヨシ。大木ノ梢ヲ眼下ニ見オロシテイト奇観ナリ」と描写している。現在の書院は昭和一五年（一九四〇）の再建で、その前の書院は明治に入ってからの建築とされている。明治一九年（一八八六）の土砂崩れによって現在の寺務所・書院近辺の建物は大きな被害を受け、罹災・再建の間に江戸時代以来の景観は一変せざるを得なかった。

表参道沿いの名所

「望墟軒」は浄土院のことで、『名勝図会』に「浄土院の辺、城見桜あり」と記されている。かつての庇護者であった北条氏照の居城八王子城跡の丘陵を見渡すことが名の由来で、城見桜については「往来の北は幽谷なるところの道傍に、桜古木一株あり。いまは大半朽木となれり。ここより古城山を望めり。」と説明がある。薬王院の塔頭の一つで、『名勝図会』には「金比羅より二町（約二二〇メートル）程登る。ここに往古より参詣の休所とて四阿屋《あづまや》の如き家ありしが、二、三十年前に発心者なる老僧が造建して浄土院と称し、いまは薬王院の末寮となれり」と由来が記されている。『風土記稿』によると五間（約九メートル）に二間半（約四・五メートル）の堂舎であったという。かつてこの近辺には、設待茶屋という茶店があったり、大正期には天狗蕎麦という手打蕎麦の店が出ていたという記録もある[27]ように、ケーブルカーによる登山が一般化する前までは、参詣の人々が休息に集う場であったようである。

浄土院の旧跡あたりから表参道を下り、尾根道の行き着く金比羅台から沢へ降りる道の屈曲する辺りが「七盤嶺」となる。『名勝図会』は「金比羅社の辺、俗云、七まがり」と説明する。この七曲は『八王子名勝志』にも記載があり、それによると、「古瀑布（古滝）より上の方。金毘羅物見台までの間をいへる字《あざな》なり。実に羊腸曲折して巌《いはを》さかしく歩ミ難き所なり。」とある。七盤嶺の名の由来はこの七曲にあるようだが、金比羅台を含む一帯をこう呼んだらしい。

七盤嶺が名勝として数えられる所以として、金比羅台の眺望が考えられる。高尾山頂から東に延びる尾根の端にあたり金比羅社が祀られている。東側は急峻な崖が落ち込むが、かつてはそこを直登する道があり、また、裏高尾方面から登る道も合流する場所だった。金比羅台からの眺望について『八王子名勝志』は、「此処の眺望遙に筑波日光の諸山をあふぎ。近く秩父瀧山」「八王子等の駅舎陸続として長縄を連ぬるが如く。南ハ遠く武相房総の海に至て杳《はるか》に雲天に連り。脚下に平田茫々たるが中に亘《わた》れる相模川ハ白練《しろきぬ》を曳くが如し。」と述べる。見通しの悪い七曲の難路を喘ぎ喘ぎ登った後、目にするこの眺望は参詣者に感激を与えたものであろう。

琵琶滝川付近の名所

「琵琶瀑（滝）」は現存の行場で、江戸後期には多くの参籠者を集め、参詣客目当ての茶屋商いなどもおこなわれた場所であった。これについては項をあらためて述べたい。

髙尾十勝の内、「鹿鳴澗」について『名勝図会』は、「泉水沢を云。秋時鹿鳴多し」と記しているが、今ではすっかり馴染みのない名称となってしまった。「澗《かん》」とは「谷水」の意味があり、まさに琵琶滝の上流部を指す意味となる。

「雨宝陵」は『名勝図会』に「琵琶滝の上なり」、『風土記稿』では「小高キ陵ナリ。上ニ二尺ハカリノ小祠アリ。東ニ向フ。雨宝童子及ヒ弁財天ヲ合祀ス。白幣ヲ神体トス」と記される。「雨宝山」という名称と絵は、江戸期の絵図のいくつかに見られるが、「陵」とは山や丘の意味で、つまり、琵琶滝の上部に位置する小丘で、雨宝童子に名称が由来するということになるが、祠の奉祀については地誌によって記事に異同がある。現在では木々も繁り、それと特定できるような独立峰の確認は難しい。

琵琶滝上方の斜面に現在も祠が存在するかどうかは未確認だが、『名勝図会』では、清滝脇の弁天祠を「雨宝弁天」と言い「往古は琵琶滝の上にありしを中古ここに移せり」という記載がある。この弁天移転の記載は昭和二年（一九二七）の『髙尾山誌』にもあり、こちらには「雨宝ゲ峯」から移したとある。しかし、『名勝図会』では琵琶滝の項で祠の元の位置を「滝上」と、滝口のすぐ上というような表現をしており、移転された祠が『風土記稿』の言う陵の上の祠かどうか、なお疑問が残る。弁天の移転によって雨宝山の存在感が薄れたとも考えられるが、雨宝童子の祠がどうなったのかは不明である。なお、後の神仏分離によって、雨宝童子という習合神の名は使用されなくなった可能性がある。昭和初期の絵ハガキの図柄には「雨宝山」の名が見出せるものもあるが[28]、それから八〇年あまり、現在のパンフレット類にその名を見ることは無くなった。

琵琶滝

琵琶滝は山上の伽藍とは隔たった場にあるが、古くからの行場だった。具体的な記録として出てくるのは、江戸後期のことである。『新編武蔵風土記稿』には、「黒門ヲ距《へだて》ル事二十町。水源ハ鹿鳴澗ヨリ出ヅ。瀧口幅五寸。高サ一丈二尺。下ニテハ幅四尺許ノ飛流ナリ。傍ニ九尺ニ二間ノ垢離小屋アリ」と記されている。「黒門」は現在の四天王門の位置にあった門。「鹿鳴澗」は、ちょうど琵琶滝の源流部、六号路が交わる小流を指す。滝口はわずか一五センチばかりながら、高さは三メートル半、滝壺に落ちるあたりは一メートル二〇センチばかりの幅があるという。『風土記稿』の筆者の一人である植田孟縉の私撰による『武蔵名勝図会』になると、「滝口は小流なれども砕け落ちること幅四尺余。飛流の高さ一丈二、三尺なり。峻厳峙立す。この滝上に雨宝弁天の祠ありしを、近来麓の池辺へ移せり。この傍に籠り堂あり。垢離小屋とも云。又云滝の音、琵琶を弾ずる響きありと。」という記事となり、参籠堂の存在や名前の由来が記される。

『高尾山・石老山記』もこの名所を取り上げている。「ひハ（琵琶）の瀧道といへる標有、是より一四・五町（約一五・一六キロ）有、坂道急ならず、次第に登る、其内民家有、其内瀧の近くに二軒有、滝垢離する者の連、又供の者など垢離する者の願によりて一七日或ハ廿一日など其行の満る程度に泊り居る由也、諸病に験有とて近歳殊外流行して、時によりてハ数多の人つと（集）ふも有りとぞ」とある。この日記の作者は、表参道に直行せず、清滝前から現在の六号路にあたる道を進んでいる。

一方、『多波の土産』では、「夫より琵琶の滝と印杭ある道より下る、誠に急にして岩を砕きて道を作たるとみへ、切石ちらばりて九十九折、草にすがり杉に杖かりて下ること十五町許り、難所いふばかりなし、かろうじて滝の元に至る」と、山上の諸堂を詣でた帰途、表参道を戻らず琵琶滝に降りている。近年、四天王門脇にあった杉の木を処理した際、幹から「是よりびわのたきみち」という道標が発見されたが、『風土記稿』の『黒門ヲ距ル事』という記述からも、かつてはその辺りから谷へ降りる道も琵琶滝への道として一般的であったようである。「傍に弘法大師の岩屋有り、水音すさましふして物の音おだやかにいとすこし、仰は杉の大樹のみ余木をまじへず青々たり」という情景の描写が印象的である。

『八王子名勝志』には、現在の不動院の脇にあった一之鳥居の傍に「琵琶滝道」の標示があり、そこから距離は一四・五町、途中、民家二軒があり二軒茶屋と言うとの記述がある。この二軒茶屋は万延元年（一八六〇）に営業願いが薬王院に対して出されており、『名勝志』の天保七年（一八三六）以降とする成立年の推測とは若干矛盾するが、「二軒」はそれ以前の記録にも見え、万延元年以前にもすでに同じ名で呼ばれた茶屋があった可能性も示唆される。安政六年（一八五九）にも、参詣人が食事に事欠いているからと、八王子宿の者数名が滝の近くで商売をしていたことがわかっている(29)。たまたま行者との間にトラブルが起きて薬王院の知ることとなったが、この場合、常設の店舗ではない営業形態も考えられる。『名勝志』には、半助という人物が不動尊の御影や滝の図などを参詣客に頒布しているという記述があるが、万延元年に二軒茶屋の営業を願い出た人物としても「半助」の名が見える。滝垢離する者は二七日ないしは三七日の勤行に参加していること、参籠堂があったことなどは、若干の異動はあるものの『高尾山・石老山記』と同様である。

江戸時代における琵琶滝の記事は、文政三年（一八二〇）から一一年という一時期に集中しているが、『名勝志』を間にはさんで、その後は、約一〇〇年後に刊行された『高尾山誌』（昭和二年・一九二七）ということになる。「昭和」と言うと最近のことのように感じるが、すでに八四年も以前のことになり、その記事は関東大震災（大正一二年・一九二三）以前のことと推定される。同書によると「瀧口は小流だが、削壁から碎落すること一丈三尺余で巾四尺余ある。水源は高尾十勝の内なる鹿鳴洞から発し、飛沫は濛々として立のぼり、壮観譬へやうもない。傍に不動堂がある。」ということだが、およそ八〇～九〇年前の琵琶滝は、江戸時代とさほど異動のないことが分かる。さらに、「昔から此瀧で打れると病疾とみに去ると云ひ」「これ等の人々の為めに傍に収容所を設け参籠者の便を計ってゐる。」という利益も同様である。「琵琶瀧の名の起りは、瀧壷の形が琵琶に似てゐるからだとも、夜の四更瀧にかゝると、その音が琵琶のやうにひゞくによるとも云はれてゐる」ということだが、音が謂われというのは江戸時代の記録にも見られる説である。

参籠者で賑わいを見せた琵琶滝であったが、悲劇の記録もある。文政六年八月一七日。今で言えば九月の中下旬、台風の季節だった。同日も高尾山は激しい風雨に見舞われていたが、夜半、谷川が俄かに増水し、琵琶滝の脇にあった行者堂・参籠堂を押し流してしまった。参籠堂には一四名が泊り込んでおり、薬王院文書によると「存命之者共当山江為相知候ニ付、驚入、村役人方江茂相達し、早速人足大勢差出、可相助与、流末川端江罷出候得共、夜中之儀、殊ニ大水ニ而難及自力」と、その夜の内に捜索活動が始まり、参籠者の名前を取り調べて在所の村へ飛脚を立てたとある[30]。

参籠者は二〇代から六〇代にわたる一四名。内生存者は二名。一七歳の若者と年齢不詳のもう一人の男性が、暗夜険しい崖を登って薬王院に急を知らせたのだった。結局、一二名が死亡し、五名は遺体も未発見のままとなった。一名の遺体は浅川を押し流され、遠く八王子横山村で発見されている。高さ三メートル半の小さな滝だが、そこには自然の凄まじいエネルギーが内包されていた。

蛇滝の開発

新しい建造物や行場を寺院が設立することで参詣者が増えるケースがある。高尾山の北斜面にある蛇滝は今日では主要なハイキングコースから外れることもあり、ひっそりとした佇まいを見せている。蛇滝から表参道の十一丁目に至る経路は、古い時期の参道であったという指摘[31]もあるが、『新編武蔵風土記稿』や『武蔵名勝図会』など江戸時代後期の地誌類にも記載がない。

薬王院文書には、万延元年（一八六〇）六月付の薬王院が蛇滝の再開発を発注した文書の控えが残る[32]。史料は金二五両で多摩郡三内村の石屋孫七が工事を請け負うもので、内金五両を前金として受け取り、六月一七日から着手し七月七日までに完了させること、追加の費用を願い出ることはない、と述べられている。二五両という金額と三週間という工期が判明するのみで、具体的にどのような作業がおこなわれるのかは不明であるが、蛇滝は古くからの行場とされているものの、相当手が加えられることについては、認識として「今般蛇瀧御開発ニ付」という文言が見られる。

蛇滝開発の翌年の文久元年、近隣の上長房村の百姓が蛇滝のある行沢にて、参詣者相手の商売をしたい旨を願い出ている[33]。それによると、「御瀧繁昌ニ付」「御瀧余力ヲ以渡世仕度」と、新規とも言い得る行場の開設により明らかにその方面の参詣者が増加したことがわかる。

甲州道中から蛇滝方面へ入る道には、享和三年（一八〇三）の道標が残り、また、安政二年（一八五五）の江戸高松勘四郎作成の「武州高尾山略絵図」には目立たないながらも蛇滝は描かれており、蛇滝がこの時、全く新たに作られたわけではないことは明白であり、行場として僧侶や山伏の修行の場としての存在はさらに時期を遡るとも考え得るが、名所としては明らかにこの時期新たに現れた存在であることと解釈できる。山の北側斜面にあり一之鳥居からの参道から大きく外れた場所にある蛇滝は、少なくともそれまで多くの人々が訪れる場所であったとは考えがたい。山の南側の谷筋にある琵琶滝が参詣の場所として地誌や紀行文に大きく取り上げられているのに対し、蛇滝は万延時まではほとんど文献に現れて来ない。先の史料中の文言として「開発」云々とある事、石工が関わっている事は、その場所が単に修行の場としてではなく、参詣者の訪れる場所として手が加えられた事を示すものだろう。かくて、この時より蛇滝は商売が成り立つ程の人出が見込める繁盛となったのである。甲州道中旧道から蛇滝道に入る手前にある峯尾茶屋の宿泊記録によると昭和二年（一九二七）になって表参道方面にケーブルカーが開通した後は漸減するが、昭和戦前までは一定の参詣者があり[34]、決定的な減少は昭和四二年（一九六七）、京王高尾線の開通に因ると考えられる。

註

（1）法政大学多摩図書館地方資料室委員会編『髙尾山薬王院文書』一（法政大学、一九八九）一号文書。以下、本史料集は『髙尾山薬王院文書』一のように省略して表示する。
（2）年不詳「武州高尾山薬師堂修造勧進帳案」（『髙尾山薬王院文書』一―八四号文書）
（3）『髙尾山薬王院文書』三―六二三・六二四号文書
（4）植田孟縉著・片山迪夫校訂『武蔵名勝図会』（慶友社、一九九三）
（5）寛政二年「絵図面」（『髙尾山薬王院文書目録』法政大学多摩図書館地方資料室、一九八七　13・絵図、刊行物、他―四）
（6）小町和義「高尾山の建築について」（『多摩文化第二四号　武州高尾山―その自然と歴史』多摩文化研究会、一九七四）
（7）国立公文書館蔵
（8）『髙尾山薬王院文書』三―五六七号文書
（9）『髙尾山薬王院文書』三―五四一号文書
（10）『髙尾山薬王院文書』三―六〇五号文書
（11）縣敏夫「高尾山の絵図を読む―蛇滝・薬王院・一の鳥居―」（『多摩のあゆみ』九九、たましん地域文化財団、二〇〇〇）
（12）足袋屋清八の動向については吉岡孝「近世後期における寺院の新動向と社会変容―紀州藩・薬王院・足袋屋清八―」（『法政史学』四六、一九九四）に詳しい。
（13）『徳川禁令考』前集五（岩波書店、一九五九）二五九五文書
（14）『髙尾山薬王院文書』三―五五二号文書
（15）逸見敏刀『高尾山誌』（上田泰文堂、一九二七）
（16）『多摩文化』一三（一九六四）所収。

(17) 『髙尾山薬王院文書』三―七〇七号文書
(18) 『髙尾山薬王院文書』三―五八九号文書
(19) 竹村立義著（国立国会図書館蔵）。
(20) 天保七年（一八三六）以降の成立とされる（国立国会図書館蔵）。
(21) 『髙尾山薬王院文書』三―五六一号文書
(22) 『髙尾山薬王院文書』三―六九九号文書
(23) 『髙尾山薬王院文書』三―七〇一号文書
(24) 八王子市郷土資料館編『案内図にみる多摩陵・高尾と八王子』（八王子市教育委員会、二〇〇六）
(25) 名所としての寺社と参詣する人々の動向については、鈴木章生「名所記にみる江戸周辺寺社への関心と参詣」（地方史研究協議会編『都市周辺の地方史』雄山閣、一九九〇）がある。他に「名所」についての論考としては、水江漣子「近世初期の江戸名所」（西山松之助先生古稀記念会編『江戸の民衆と社会』吉川弘文館、一九八五）がある。また、高尾山に関して名所化の問題に言及した著作として、岩橋清美「近世高尾山における山林保護と名所化」（『多摩のあゆみ』九九、たましん地域文化財団、二〇〇〇）がある。
(26) 前掲註（6）に同じ。
(27) 前掲註（15）に同じ。
(28) 八王子市郷土資料館編『武州高尾山をめぐる庶民の信仰』（八王子市教育委員会、二〇〇三）
(29) 第三章「二　周辺地域における髙尾山信仰」参照。
(30) 『髙尾山薬王院文書』三―六〇四号文書
(31) 前掲註（11）に同じ。
(32) 『髙尾山薬王院文書』三―五七七号文書　また、蛇滝の来歴等については、乾賢太郎「高尾山の滝場の歴史的変遷」（『民俗学論叢』二三、二〇〇八）に詳しい。
(33) 『髙尾山薬王院文書』三―七〇一号文書

(34)　前掲註(28)三八頁「蛇滝口峯尾茶屋年度別宿泊人数の推移」

第七章　髙尾山と巨大都市江戸

江戸周辺部に立地する寺社・霊山にとっての巨大都市江戸の存在の大きさはここまでにも指摘してきたが、本章では髙尾山にとって「江戸」という存在がどのような意味を持ったか、さまざまな角度から照射してみることとしたい。江戸は将軍の住まう所。政治の中心として寺社支配の拠点でもあり、行政上の支配を受ける寺社としてもしかるべき対応をせねばならない存在であった。また、武士の集住地でもあった。大名のネームバリューは寺社にとって、単なる施主以上の意味を持つ。そして、経済の中心地。江戸における可処分所得は社寺参詣の原動力であり、寺社の側にとっても大いに意識せざるを得ない存在であった。

一　支配体制への対応

江戸幕府の治政下、寺院・神社の存在もまたその支配下にあった。ここでは、髙尾山薬王院がどのように将軍・幕府の支配に向き合ったか、広く参詣者を集めるような寺社にあっても、寺院・神社全般と同様に支配を受ける一面があったことを見てみたい。

寺院法度による取締

小田原北条氏と入れ替わりに、徳川家康が関東を新たな領国とした。やがて、豊臣秀吉亡き後、関ヶ原の合戦に勝利した家康は、慶長八年（一六〇三）、いよいよ江戸に自らの幕府を開くことになる。その頃、北条氏という庇護者を失った髙尾山は、荒廃にさらされ苦難の時代を送っていたようである。

さて、家康は、諸国の大名を統率するとともに、寺院に対する施策を打ち出す。戦国時代、織田信長による比叡山焼き討ちや、石山本願寺合戦で知られるように、寺院の中には大名に対抗する武力を保持する勢力があり、為政者にとって大きな脅威であった。家康自身、若き頃、自領三河国において一向一揆の制圧に苦戦した経験をもっており、身にしみてそれを理解していた。家康は、慶長一三年（一六〇八）の比叡山延暦寺をかわきりに、以後、元和元年（一六一五）にかけて、仏教各宗派に対する寺院法度を定めた。髙尾山薬王院の宗派である新義真言宗に対しては、慶長一八年に関東新義真言宗法度が下されており、薬王院文書の中にもその書面が残る(1)。

これら法度の趣旨は、僧侶は修行・学問が本分でありそれに勤しむこと。その地位は本山での学問・修行の有無によって決まること。本山の意向に従い、非法を企てたりしないこと。住職の任免は本山がおこなうこと、といったものである。ここに、平安時代以来、比叡山や三井寺に象徴されるような、寺院が僧兵を抱え武力を保持してきた長きにわたる伝統が否定されることになったわけである。ただし、法度の内容自体は、苛烈というものではなく、日蓮宗不受不施派のように弾圧の対象となった宗派もあったが、幕府は、その支配原理に反しない限りにおいて、概ね寺院に対して寛容な態度にあったと言える。

法度にあるように、幕府は本山の権限を強化して懐柔し、本末関係を通して全国の寺院を統制する意向であった。以降、主に畿内の大寺院が本山（本寺）となり、地方の有力寺院が中本寺（田舎本寺）、その下にいわゆる村の寺院クラスが付属するという、寺院本末制度が整備されてゆくことになる。髙尾山薬王院の場合、江戸時代には、京都醍醐寺の無量寿院を上方本寺とし、薬王院自身は中本寺となり、一七ヶ寺の末寺・門徒寺院・又門徒寺院を配下に置いていた。また、寺社奉行から法令を伝達する手段として触頭《ふれがしら》寺院が設置された。新義真言宗の場合、江戸の真福寺他合わせて四ヶ寺がそれにあたり、中本寺を介して各地の寺院に「触れ」を伝えた。また、触頭は寺社奉行に対する諸届、諸願、その他さまざまな手続きの窓口を務めた。

江戸幕府は、キリスト教徒取締のため、寺院による領民の宗門改をおこなうが、やがてそれは恒常的なものとなり、人々は特定の寺院の檀家となることでキリスト教徒ではないという身分保証を得ることになる。宗門改証文は宗門人別改帳に仕立てられ、それによって領民の数を掌握する手段ともなった。諸藩もまたそれに倣い、そのことはつまり、日本国中の全ての人々がどこかの寺院に檀家として付属するということを意味し、江戸時代というのは、仏教が国教のような性格にあった時代とも言える様相となった(2)。

さて、髙尾山は、戦国時代に北条氏から土地の寄進を受けていたが、幕府は、従来の寺領をいったん収公した上で再分配するという政策を採った。正保四年三月（一六四七）、八王子代官岡上甚右衛門の名で、髙尾山寺領認可の将軍朱印状下附願いが寺社奉行宛に出されている。それによると、北条氏から寄進された寺領は平地・山林各々一五貫。収公された平地分を除く山林はそのまま所持しており、それについて寺領安堵の朱印状発給を願い出るということだった(3)。山中の田畑を含め、一貫を五石と換算した計七五石が、慶安元年（一六四八）八月一七日、髙尾山寺領として幕府に認可された。

寺院本末制度と髙尾山

髙尾山薬王院の宗派は真言宗だが、現在は、その中でも紀伊国根来山根来寺の系譜を引く新義真言宗の智山派と呼ばれる一門に付属している。新義真言宗に対し、高野山金剛峯寺の系譜を引く宗派が古義真言宗となる。智山派の総本山は京都の智積院で、薬王院は、成田山新勝寺・川崎大師平間寺とともに智山派関東三山を形成している。根来寺の一院であった智積院は、豊臣秀吉による根来山焼き討ちを機に京都に移っていた。

寺院の本末関係の拡張は、大元を辿ると、畿内を中心とする有力寺院が地方へ教線を拡張する中、新たな寺院が建立され、あるいは古刹を中興していったという経緯に因る(4)。薬王院の場合も、寺伝によると、山城国の醍醐山から関東に下った俊源が中興開山したとされるが、明治時代のはじめまでは醍醐寺無量寿院を本寺としていた。本寺の高僧から秘法の伝授を受けた弟子僧が、あるいは本山で修学を積んだ僧侶が地方寺院の住持を務めることにより、本末関係が維持・形成されることになる。

しかし、真言宗の場合、江戸時代の初期までは地方の寺院が複数の上方本寺との間に関係を持つようなケースがあったようである。元々、巨大な宗派内部における寺院組織の分裂や、地方の寺院の配下への取り込みの競合があった結果、本末関係は複雑に入り組むことになった。薬王院の場合も、残存する文書からは、醍醐寺の配下にありつつ、奈良の長谷寺（現在の豊山派総本山）や智積院、また高野山阿光坊とも教学上の関係を持っていたことが指摘できる(5)。

こうした寺院の本末関係が「制度」として単線的に再整備されたのが江戸幕府の寺院政策であった。徳川幕府が寺院のあり方を規定した寺院法度の中には、

・末寺は本寺に従うべきこと
・本寺の許可なく末寺の住職を決めてはいけない
・他寺の門徒寺院（末寺の内下位のもの）を奪うことの禁止

が謳われている。上方の有力寺院にとっては、末寺を統制する上で都合のよい方針であり、これによって本末の組織化が促進されていった。幕府としては、本山・本寺クラスの寺院を懐柔し、本末関係を通じた間接的な統治・組織化を意図したということになる。しかし、支配のシステムとして機能させるためには、それまでの僧侶の師弟関係に委

ねられた複線的な本末関係を改め、また、全国のあらゆる寺院が何れかの本寺に付属し、上方本寺から最下位の村の寺院までが単線的な支配被支配関係を形成するようにする必要があった。

寛永九年（一六三二）、全国の寺院に末寺の届け出が命ぜられ、「諸宗末寺帳」(6)が作成されたが、そこでは江戸時代の中後期に見られるような本末関係が全て網羅されているわけではない。本末制度は形成途上であったが、本末関係明確化の意図をもって幕府が動き始めたことを示している。薬王院のような地方の有力寺院は、京都や奈良にある有力な門跡寺院などを本寺とし、一方、中本寺（田舎本寺）として周辺地域の寺院を末寺・門徒寺院として支配する、すなわち本末支配の結節点として重要な立場に置かれていた。

こうして形成された本末関係は、幕府の行政上の支配回路として利用されたのだった。幕府は江戸に各宗派の触頭寺院を置き、触頭―中本寺―末寺・門徒という支配被支配の関係の上に寺社奉行が位置することによって、本寺・本山とは別に、中本寺以下に指図を出す権限を持った。新義真言宗の場合、愛宕の真福寺、同円福寺、本所弥勒寺、湯島知足院（後、根生院に交替）が触頭を務め、江戸四箇寺と呼ばれていた。

本末編成によって全国のあまねく寺院が、上方本寺および幕府の触頭寺院の支配下に組み入れられたのだった。

中本寺と末寺・門徒

醍醐無量寿院の支配の下、薬王院は周辺地域にいくつかの末寺・門徒寺院（次頁表）を抱える中本寺（田舎本寺）という立場にあった。庶民参詣の対象となる寺院においても、一面、当時の寺院行政の中核を担う役割を持っていたのである。

薬王院の門末は地元多摩郡上椚田村・上長房村を中心に、特に、南側は相模原市城山町自治区とその東方、すなわちＪＲ相模線の西側に分布している。末寺七ヶ寺・門徒九ヶ寺、又門徒一ヶ寺合計一七ヶ寺の支配というのは、関東東部の新義真言宗寺院の事例と比較すると、むしろ少ない数ではある(7)。後々の寺格を考えると、末寺・門徒の数はいかにも少ないが、安土桃山末～江戸初頭における衰微、すなわち有力寺院による周辺寺院の支配下への取り込みがおこなわれる時期―近世的秩序の形成期―に、自寺の復興に注力しなければならなかったという問題があるかもしれない。一方、一七ヶ寺の門末中六ヶ寺が朱印地を有し、九ヶ寺が除地を持つというその比率は高く、旧来から続く寺格の高い寺院によって一門が形成されていたという評価もできる。

それでは、中本寺とその末寺・門徒寺院の間には、どのような関係があったのだろうか。薬王院門末の事例を中心に、それ以外の事例も交えてその実情を見てみたい(8)。

区分	寺院名	所在地	現在地
末寺	大光寺	多摩郡上椚田村	八王子市
	真福寺	多摩郡下椚田村	八王子市
	金南寺	多摩郡上長房村	八王子市
	安楽寺	多摩郡上長房村	八王子市
	普門寺	高座郡中沢村	相模原市
	蓮乗院	高座郡小山村	相模原市
	華蔵院	高座郡上相原村	相模原市
門徒	安養寺	多摩郡上椚田村	八王子市
	実相寺	多摩郡上椚田村	八王子市
	吉祥寺	多摩郡上椚田村	八王子市
	高楽寺	多摩郡下椚田村	八王子市
	宝蔵寺	多摩郡下長房村	八王子市
	金泉寺	高座郡下九沢村	相模原市
	安楽寺	高座郡上溝村	相模原市
	慈眼寺	高座郡上川尻村	相模原市
	滝清寺	高座郡上川尻村	相模原市
普門寺門徒	東福寺	高座郡中沢村	相模原市

寛政7年(1795)『寺院本末帳』から

本寺は末寺・門徒に対して上納金を課していた。毎年、定例的な上納金があり、僧位の昇進（＝色衣着用の許可）を周旋した謝礼として、また、本寺堂宇の修繕などの際にも納められている。従来、これらは檀家に経済的負担を強いるものとして解釈されていたが、寺院が所持する田畑や山林からの収益が充てられていた事例が管見される。年貢地であることから見逃されていた感があるが、当時の寺院の多くが田畑・山林を所持していることから、実際にはそれが一般的であったと考えられる。また、葬祭檀家をあまり持たない中本寺にとって門末からの上納金はその維持に不可欠なものであったが、田畑・山林所持の傾向も同様である。元禄一一年（一六九八）の、門徒寺院であった普門寺の末寺への寺格昇格に際しての一札には、昇格にあたっての上納金は薬王院の公費を賄う旨が明示されている(9)。

中本寺の権限として、末寺・門徒住職の任免があった。本寺の権限とは言っても、檀家の側からそれをはたらきかける例もあった。弘化三年(一八四六)、蓮乗院の檀中から、帰依をしていた先住の遺言として、薬王院に出仕している僧侶を指名して後住の就任を願い出たというような事例もあった(10)。無住寺院への住職着任の願いや、住職転任にあたっての慰留願いなどの事例もある一方、無法な住職の罷免を本寺に願い出るというようなケースもあった。

その他、末寺・門徒には本寺における行事執行にあたって結衆《けちじゅう》として参列するなどの義務があった。薬王院の事例では、弘法大師御影供《みえく》には、末寺・門徒が揃って参加していた(11)。そうした宗門における公式な行事のほか、護摩札の配札を務めたり、山主の外出に供揃えとして同行したり、寺務を代行するということもあったが、その際には相応の対価が支払われていた記録もある。

寺院の本末関係は、支配のシステムとして説明されることが一般的だが、門末下位の寺院にとっては負担を強いられるばかりのものでもなかった。本寺に対し義務を負う一方、堂宇の修復費用の拝借を願い出たという事例もある。また、本寺が末寺・門徒寺院の本尊開眼などの際に供養導師を勤めることもあり、そこには、他の末寺・門徒が供養結衆として参列したり、法類間で法具の貸し借りをするなどという事例もある。中本寺とその門末との間には、法類としての互助的な機能もあり、それが、法流に付属し法類の一員となる理由でもあったと考えられる。

二　徳川将軍家との儀礼

将軍との間に取り結ばれたさまざまな儀礼に関する史料が薬王院文書の中にはかなりの数残存している。寺領安堵の朱印状下附をはじめ、新しい将軍が就任した際の代替《だいがわり》御礼、正月の年頭御礼などの儀礼があった。それに関わる諸手続きや江戸出府の旅程をこと細かく記した冊子がいくつか見られ、薬王院にとって、それがいかに重要な務めであったかがうかがい知れる。

将軍との間に儀礼関係を取り結んでいたのは、もちろん寺社に限ったことではなく、諸大名をはじめとする武家もしかりである。鎌倉幕府の時代について語る時、将軍―御家人の関係について「御恩と奉公」という表現をもちいるが、江戸時代においても、諸大名・旗本・御家人は、将軍との間に主従の関係を結び、領地や給米を付与される一方、さまざまな「役」を負担していた。武家の場合、第一義にそれは「軍役」であった。

しかし、江戸時代においては、それ以前のように「武力」によって物事を解決するのではなく、代わりに「礼」を重んずる価値観によって将軍を頂点とする上下関係や各々の役割を定め、一定の秩序が保たれるような社会が形成されていた。

その一例として「鷹狩」がある。将軍から鷹狩をおこなう場所をもらって鷹狩の実施を許可されること。実際に軍事行動を起こす機会が少なくなった時代、鷹狩という「武」を象徴する行為において、将軍とその大名の関係やそこから生ずる格式のあり方が再確認されたのだった。実際、鷹狩の獲物の贈答に関しても、将軍から下賜されるものが、それぞれ、格式の別で細かく規定されるという具合だった。[12] 寺院・神社の場合も、内容に異同はあるが、そうした儀礼によって将軍との間に関係を結び、序列や役割が定められたのだった。

将軍からの寺領の下附

寺領七五石を将軍家光から下附された薬王院であったが、当時、寺院がどのくらいの朱印地を認可されていたかと言うと、薬王院の本山である醍醐寺無量寿院が一三〇石、醍醐寺三宝院は門跡寺院でもあり破格の四〇〇〇石余の朱印地を所持していた。やはり、上方の本寺・本山クラス、また、特に徳川家にゆかりの深い寺院は多くの寺領を抱えていた。それに次ぐのが、戦国時代に各地の大名・領主の帰依を受けた比較的歴史の古い寺院。薬王院の場合はこの立場となる。一方、農村で村人が檀家となって葬祭を委ねるクラスの寺院はどうだったか。例えば、薬王院の門末一七ヶ寺の場合、朱印地を所持していたのは六ヶ寺。一番多い普門寺（現相模原市城山町自治区）の一七石七斗から大光寺（現八王子市初沢町）の五石まで。それでも、真義真言宗の場合、地方の中本寺の門末中で朱印地を所持しているのは数十ヶ寺に二・三ヶ寺程度の印象があり、薬王院門末中の所持寺院の割合は相当高くなっている。九ヶ寺は除地を所持するのみで、これは免税地ではあるが、格式という点で将軍直々の発給文書によって安堵された朱印地とは全く別物となる。残る二ヶ寺は除地すら所持していないが、一般的にはこうした寺院がかなりの数にのぼる。ただし、そうした寺院においても相当の耕地や山林を所持するケースがあり、朱印高が少なくても、実際の所持地は何倍もあるというケースもある(13)。

こうした、将軍から朱印状によって寺領の安堵を受けるということは、経済的な実利ばかりではなく、いやむしろその多少によって寺院としての格付けがなされるという儀礼的な秩序付けが重視されたものと評価されている。

寺領朱印状改め

将軍から寺社に下される朱印状によって安堵された領地―朱印地―は、単なる経済的な恩恵ではなく、将軍から直々に土地を安堵されるという点に意味があり、朱印高（朱印地の石高）の大小が寺社の格を表すことになった。朱印状は原則的に将軍個人との関係から発するものゆえ、将軍の代替わりごとに更新（朱印状改め）の手続きがおこなわれた。三代家光による下附以降、四代家綱・五代綱吉とおこなわれ、六代家宣・七代家継就任時を除き、八代吉宗が復活してからは一四代家茂に至るまで実施されてきた。ただし、家茂の時は関東のみが対象となるにとどまっている。

この朱印状改めに際する詳細な記録が薬王院文書には残るが、薬王院が具体的にどのような対応に追われたのか、その経過について見てみたい。

延享二年（一七四五）一一月、家重が九代将軍に就任。翌年、朱印状改めがおこなわれることになった。薬王院はすでに同年十月、将軍就任を控えた家重に対する代替御礼のため江戸城に参上していた。その直後、閏一〇月に寺社領安堵の御朱印を頂戴している寺社は、新たに御朱印が下附されるので、朱印状に写しを添えて来年三月から五月の間に江戸へ持参し、秋元摂津守（奏者番）・本多紀伊守（寺社奉行）に届け出るようにとの触れが出る。

薬王院は、指定された期日の早々、三月四日には江戸に到着。翌日新義真言宗の触頭寺院である愛宕真福寺に出向き、翌々六日に御朱印改めを届け出るための添状を受けとる。一一日には寺社奉行本多紀伊守及び御朱印奉行を務める秋元摂津守の屋敷に参上するが、二・三日中に再度来るようにと帰され、一三日、一四日、一七日〜二〇日と度々参上するも何れも空しく帰る事態となってしまう。なぜそのような事態となったか。御朱印奉行秋元の屋敷は「大勢門前ニ詰懸内へ入不申候」「大勢故着帳難成」と、御朱印改めの手続きに大挙僧侶がおしよせ、門の中にも入れない、受付の手続きもできないという状況があった。二一日になってようやく受付を済ますことができ、朱印状の目録と真福寺の添状を提出した。そして、翌四月の九日、秋元摂津守宅にて、摂津守・本多紀伊守・林大学頭列座の中で新たな朱印状が下附された。一三日にようやく帰山。一ヶ月強を要する、なんとも大儀な務めだったが、これで将軍代替にともなう一連の大仕事にようやくきりが付いた。

将軍への拝謁と寺院の序列

江戸時代、髙尾山山主は、江戸に出府して将軍に拝謁する機会が度々あった。薬王院文書の中には、それに関する史料がかなりの数残っている。それが非常に重要な務めであったことは、儀礼に際しての諸手続きや出府の旅程をこと細かく記した冊子がいくつか見られることにも表れている。

寺院が江戸に出府して直々に将軍に拝謁する機会として、正月の年頭御礼と代替御礼があった[14]。もちろん、全ての寺院がこうした儀礼に参加する機会をもっていたわけではない。年頭礼は毎年ではなく、寺格や江戸からの遠近によって三・四・五・七年に一度という区分があった。当然、寺格が上がる程頻度は高くなる。

御礼の仕方も、寺格によって「独礼」と「惣礼」の区分があり、独礼は「内独礼」と「惣独礼」に分かれていた。内独礼は将軍に一ヶ寺ごとに謁見を許されるもので、上方の門跡寺院や江戸の触頭寺院のケースである。惣独礼は、独礼と言っても数ヶ寺が同時に御礼の座に着くものだった。薬王院をはじめ、地方の中本寺クラスの寺院がこれに相当するが、それでも一部の寺院だけが許されるにとどまり、朱印高下位の寺院は大広間に一同に集められての惣礼であった。

宝暦一〇年（一七六〇）の一〇代家治就任にともなう代替御礼時における新義真言宗寺院の御礼の次第が記録として残っているが、八月朔日に新義真言宗触頭の江戸四箇寺（愛宕真福寺他三ヶ寺）が白書院にて一ヶ寺ずつ御礼。三日に智積院（京都府・現在の智山派大本山）僧正、小池坊（長谷寺・奈良県・現在の豊山派大本山）法印らが白書院にて一ヶ寺ずつ御礼。閏八月六日になってようやく三ないし四ヶ寺が一度に挨拶する惣独礼寺院の番となり、薬王院は宝生寺（現八王子市西寺方）・吉祥院（現あきる野市）とともに御礼を済せた、という具合である[15]。

年頭御礼

将軍への年頭礼は、毎年というわけではなく、寺格や江戸との遠近によって何年に一度という区分があった。享保一六年（一七三一）以降は、三年・四年・五年・七年に一度というランクがあり、薬王院の場合、四年に一度年頭御礼をおこなっていた。

薬王院文書の中には、年代は不明ながら、年頭御礼の手順について記した史料がある。それによると、先ず前年の十二月十日までに、新義真言宗の江戸触頭寺院に対し御礼をおこなう旨を届け出ること。年が明けて正月二日に江戸入り。三日に触頭、五日には老中・寺社奉行宛に御礼に登城する旨の届出をする。登城は六日。朝六ツ時（午前七時頃）に旅宿を出発とある。御礼の際には御祈祷札を献上することになっていた。下城したその日に老中・寺社奉行・触頭に無事御礼の済んだ旨を報告して一連の務めが終わる[16]。

将軍の代替御礼

将軍の正式就任の直前におこなわれた代替御礼は、将軍を頂点とする「礼」の秩序を確認する場として、儀礼社会であった江戸時代において重要な行事だった。薬王院文書の中には、この代替御礼に関して、九代家重（延享二年・一七四五）、一一代家斉（天明六年・一七八六）、一二代家慶（天保八年・一八三七）、一三代家定（嘉永六年・一八五三）、一四代家茂（安政五年・一八五八）と、御礼当日前後の段取りを記した詳細な冊子体の記録が残されている。一〇代家治就任時の記録も独立した冊子でこそないものの先述のように残っており、薬王院がこの儀礼をいかに重視していたのか、寺領朱印状の改めと並んで、不具合の許されない重要な事柄と認識されていたことがわかる。天明六年のものは、特に詳細な記述で、記録というよりは手引書のような体裁を取っており、以下、薬王院がどのような対応を求められたのか、その様子について順を追って見てみたい[17]。

天明六年閏一〇月二〇日、触頭愛宕真福寺から代替御礼についての廻状が到着する。二三日には早速真福寺に参上しているが、旅程を考えると、廻状到着の翌日午後には出立しただろうことが推測される。触頭に対し代替御礼参列の願書とこれまでの実績書を提出し、献金をしている。そして、その日か翌日には寺社奉行堀田相模守に代替御礼のために出府した旨を届け出るよう申し渡される。文書作成の事務などを考えると、事前の情報収集と周到な用意がなければこなせないスケジュールである。記録の中には、提出すべき文書の文例も収録されており、この時も、前例にならってあらかじめ用意がなされていたものと思われる。翌一一月四日にも真福寺において、着用する法衣のことなど種々事前の打ち合わせがあった。御礼前日となる八日、寺社奉行堀田相模守のところに行き、「明九日六つ半時　御城江可被罷出候」という書付を渡される。

江戸城登城

この記録には、御礼のため江戸城に登城してからの行動についても細かな記録があって興味深い。御礼当日、薬王院は朝七ツ半時（午前六時頃）に旅宿を出立、供揃えは六尺（棒）四、挟箱一、長柄一、草履取一、合羽篭一、侍二人は麻裃着用とある。この供揃えの人数も、武家と同様、寺格によって規定があるはずである。六ツ時（同七時頃）には大手門前に到着。ほかの寺院が城内に入り始めるのに合わせて、二ノ丸の百人番所の前まで輿に乗って移動。本丸御殿の玄関で、あらかじめ献上物の取次を頼んでおいた係の表坊主に献上物を渡す、とある。

献上物は「十帖壱本」と言って奉書紙一〇帖と扇子を水引で束ねたものだったが、記録には、触頭円福寺の周旋で神明前近江屋清兵衛へ注文し費用が一六匁八分であったと記されている。献上物の取次を表坊主に依頼するのがよい、とあるが謝礼も必要だった。また、供僧も手慣れた僧侶を触頭である円福寺に周旋を依頼していた。表坊主への取次依頼は、それをしない寺院もあり、その場合は献上物を大広間まで持参することなど、次の機会に参照する便宜を考えた記述が印象的である。

玄関から上がると大広間に通され、その場でしばし待機。供僧は大広間に入れず敷居の外に大勢で控えることになる。つづいて、白書院の帝鑑の間に移動するが、この時も事前に頼んでおくと坊主衆の案内を受けられるが、そうしない場合は触頭寺院の動きに注意し、そばに控えて一緒に行動するように、と書かれている。帝鑑の間に移ってしばらくすると、まず、寺社奉行が現れ、続いて将軍の出御となる。

御礼を終え退出した後、今度は大老・老中（この時は老中御用番あて）・寺社奉行（四名）・触頭寺院に無事終了の届けをするが、これも儀礼の続きと言える。惣独礼の寺院は大老・老中とも関わりをもつ立場であったということになる。あまり時刻が遅くなるようなら、触頭への挨拶は翌日でもよいとあるので、まさに、一日仕事であった。後年の記録には、御礼を無事済ますと宿所へ信徒などからねぎらいの挨拶や進物が届いたとある。

約二週間後、二二日になって薬王院は再び登城し、この時は檜の間にて寺社奉行から御暇《いとま》の拝領物である衣服（御時服）を受け取っているが、その手順の記載も御礼当日同様詳細で、拝領にあたっては三人ずつ呼び出され、奉行から直接受け取ることなどが書き込まれている。二二日の時服拝領をもって一連の儀礼が全て終了する。最初、真福寺に参上してから、一ヶ月あまりの江戸滞在だった。

冊子の後段には、「此節之御礼ハ大切之事ニ候間、縦少々故障之儀有之候共、出府致相勤可申也」とあり、同じ惣独礼の寺院の中には一度欠礼をしたが故に、今回、拝謁が叶えられなかった寺院があったと記されている。

三　江戸における高尾山信仰

今日、多くの人々が高尾山を訪れる要因として、首都東京の外縁に立地することは自明であるが、江戸時代においてもそれは同様のことであった。江戸は政治都市であるとともに、多くの人口が集住する都市であり、当然、寺社にとっては有力な檀那場であった。表紙に文化六年（一八〇九）の年次を持つ護摩檀家帳[18]に記された約一二〇〇名の人々の内訳は、高尾山最寄りとなる多摩郡西部の在住者が約半数。その残りのさらに半数、つまり全体の四分の一を占めていたのが江戸の人々だった。そもそも、この帳簿の表題に「江戸田舎」とあることに象徴されるように、実際、薬王院は自らの信徒の獲得源として、江戸に特別な認識を持っていたようである。

江戸時代における庶民参詣盛行の要因として、交通路の整備、治安の安定、そして特に都市生活者の可処分所得の発生が指摘されているが、その担い手の有力な供給源が江戸であったことは言うまでもない。そして、江戸において人気を博した最新の文化的動向が、商品流通等の経路を伝って周辺の地域へ波及していったものと考えられる。寺社への参詣もその一つで、江戸から徒歩で二泊三日ないし三泊四日の圏内には、成田不動、大山不動、三峯山、武州御嶽山など、よく知られた寺社・霊山があり、実際、参詣者の多くを江戸の町人が占めていた。

江戸における布教活動

薬王院は江戸で信徒を獲得するため、どのような対応をしていたのだろうか。その具体相を知るためには、断片的な史料を拾うことにはなるが、重要なテーマであるのでそれを辿ってみたい。

江戸に護摩檀家の発生が確認できるのは元禄一七年（一七〇四）のこと。(19)これは、先の「江戸田舎」という表現からすると、「田舎」に先行するできごとだった。この年、髙尾山では居開帳が実施されているが、護摩檀家となった人々が何らかの方法でその情報を入手し、参詣の結果、関係を取り結んだ可能性も考えられる。

次の手がかりとして江戸時代中期に作成された備忘録的な冊子である「年々諸用記」がある。そこに記された享保元年（一七一六）の月別の参銭額一覧の末尾には「外ニ江戸納可有之」と注記されている。金額の記入が無いのは、江戸とは参銭の会計時期や担当者が別になっていたことが考えられる。また、享保四年四月一八日に護符の在庫を確認した記事があるが、そこでは「江戸札」「江戸守」という項が「田舎」とは別に立てられている。江戸札一六〇枚、江戸守三〇〇、田舎札は五八八枚と数量が記されており、江戸とそれ以外の地域を対象とする札の数が拮抗するとともに、江戸札の集計の後には「四十枚不足」と記され、一定の枚数の札を用意すべき場所という認識が見える。元文二年（一七三七）、薬王院は紀伊徳川家寄進の葵の紋幕を携えて最初の江戸出開帳を執行するが、それは未知の地への進出というわけではなく、それ以前から相当数の信徒が在住していたことになる。実際、この出開帳では世話役を務めることのできる有力な講中（神田鎌倉河岸）があった[20]。

この後も江戸における活動の記録は非常に乏しいが、寛政一二年（一八〇〇）に発生した事件はそれにまつわる興味深い逸話である。高麗屋文次郎なる者が髙尾山の栞と称してその偽物を売りさばいた事件は、寺社の護符が江戸で盛んに授与され、人々の間に日常的に流布していたものであることを示唆している。文次郎の詫証文には「夜分ハ西久保（現港区虎ノ門）旅宿江罷帰候」と偽りを述べていたという部分があり、同様のことをおこなう者があれば「旅宿」に届け出る旨が記されている。これは、護符の授与をおこなうための薬王院の出張所が江戸に存在していたことをうかがわせる。

さて、冒頭の文化の護摩檀家帳にあるように、江戸時代後期には、正・五・九月の年三度、江戸の約三〇〇名にのぼる檀家へ札が届けられていた。薬王院の寺僧がはるばる配札に訪れることもあったようだが、嘉永・安政の頃には四ツ谷の東福院という寺院が江戸の配札を請け負うケースが多く見られた[21]。札を荷物に仕立てて江戸に送り出したり、江戸の配札経費を別帳にまとめた、という記録は、東福院に関わるものかは不明だが、薬王院が江戸に配札拠点を持っていたことを示している。

薬王院の江戸出府

薬王院住職は将軍に対する儀礼――年頭御礼、代替御礼、寺領安堵の朱印状改め――のため、また、元文・寛政・文政・文久と四度にわたる出開帳、といった江戸に出府する機会があった。これらの機会は、江戸時代を通じて見るとさほど頻繁とは言えないものの、滞在期間は一ヶ月から二ヶ月近くにもなることがあった。触頭や幕府に対する手続き上、やむを得ない滞在期間とも言えるが、その間、薬王院住職はどのような動静を見せていたのか、その恰好の記録が存在する。

「御在府中雑日記」は安政五年（一八五八）、第一四代将軍家茂就任時の代替御礼に参列するため、一〇月五日から一一月三日まで一ヶ月にわたって滞在した際の動静を記したものだが、代替御礼という公式行事に関するものとは、また別の行動を記していて興味深い[22]。御礼に関する公務は一〇月一五日と一九日の両日、そのほか触頭寺院への届けなどがあるが、それ以外の時間帯はどのように活用されていたのだろうか。まず、御礼当日に近い日を除くと、滞在中の旅宿には町人信徒が頻繁に出入りし、住職に面会して新講中の届けや講中設立の相談をおこなっていた。

そして、一〇月二三日には「下町辺講中廻り」に出ている。薬王院住職の一行は二六名の供揃えで出発し、旅宿のある四ツ谷から市ヶ谷・飯田橋あたりを外濠沿いに北上、本郷弓町の旗本内藤外記宅、同三丁目の大手呉服商伊豆蔵の支店を訪問し、湯島を抜けて上野広小路の伊勢屋長右衛門宅、下谷三味線堀通り、浅草御蔵前坂倉屋万右衛門宅を巡った後、神田に出る。ここで昼食を摂るが、神田組本一講世話人、御膳講世話人、杉箚講世話人など江戸の講中の内、面立った者が出迎へ、およそ二六・七人が会して食事をともにしている。以後の諸講中訪問の道順が決められ、午後は日本橋・神田方面の講中巡りとなる。記録には「両国辺相始、村松町・橘町・馬喰町・横山町・大門通・新大坂町・本町・石町・神田於玉ケ池・多町・堅大工町・白銀町・日本橋辺より室町・瀬戸物町より伊勢町江罷出」とある。昼食の場に集まった各講の有力者総勢も加わり、「廻り候講中之分、何れも面（表）通りへ出テ居候処ヲ通行」と記されており、五〇名を超える人数の行列が、通りの両側にすずなりとなった講員の面々に迎えられながら進んでゆく情景が浮かぶ。

この日は請われて伊勢町河岸（現中央区日本橋本町近辺）伊勢屋徳兵衛方に宿泊している。また、翌日、翌々日と下谷上野町川越屋専助、神田明神下佐の屋寺作、馬喰町弐丁目帯屋儀兵衛、深川中佐賀町松木甚兵衛、深川木場鹿嶋清次郎方など、個別訪問による加持祈祷をおこなうこともあった。このような信徒との交歓が果たしてどのくらいの頻度で実現したかは定かではないが、薬王院と講中との絆を大いに強めたであろうことは想像にかたくない。

四　武家による信仰

江戸はまた、参勤交代の大名、旗本・御家人といった武家の集住地であった。庶民参詣の興隆というイメージの強い江戸時代の社寺参詣であるが、それは武家にとっても共通の生活習俗であった。ここでは、髙尾山に対する武家の信仰、あるいは髙尾山と関わりを持った武家について見てゆきたい。

上杉謙信と髙尾山

髙尾山にゆかり深い戦国大名と言えば、まず、小田原の北条氏が挙がるが、薬王院文書の中には上杉謙信が発給した制札が残っている(23)。

謙信が多摩地域に足跡を残したのは、永禄四年（一五六一）のこと。前年の秋、越後本国を進発した上杉軍は、北関東の諸将を糾合し、小田原城の攻略を目指す途上、高尾山周辺にも軍勢が浸透してきた。当時、多摩地域は北条氏康の子氏照が進出し、小田原方の重要拠点でもあった。

上杉謙信は、元は越後国の豪族長尾氏の出で、関東侵攻の時には長尾景虎であった。父は越後の守護代長尾為景。室町幕府から越後国の守護職に任ぜられていた上杉氏は次第に統率力を失い、守護代として仕えていた長尾氏が国の統合を目指すが、諸豪族が互いに相争う政情不安定の最中、当主為景は死没。年長の兄晴景に従っていた景虎は次第に頭角を表し、天文二二年（一五五三）に兄が没すると、長尾氏当主として一族の争いや諸豪族の造反を鎮め、越後一国を掌中にした。これに先立つ天文一五年（一五四六）。関東管領上杉憲政は川越の夜戦で北条氏に大敗。後、越後国に逃れ、景虎に上杉宗家の名跡を譲ることをもちかけ庇護を受けることになった。そして、関東管領職を継ぐため、景虎は関東平野への遠征を志したというわけである[24]。

上杉謙信と言えば、求道的で義に厚い人物というテレビドラマのイメージもあるが、実際、敵方である北条氏の祈祷所であった髙尾山を攻撃することはせず、軍勢の乱暴・狼藉を禁ずる制札を発給し、保護の手を差し伸べた。高尾山は、甲斐国への隘路口となる小仏峠を扼し、築城資源にも恵まれた要害であり、軍事上の重要拠点としていち早く攻撃・占領の対象ともなり得る場所だった。謙信はそもそも神仏への信心の厚い人物で、後年、武田信玄を攻める理由を願文に記して寺社に奉納した際には、文中に信玄が寺社への崇敬を尽くしていないという非難の言葉をわざわざ記している[25]。

また、ここで一つ注目されるのは、謙信自身が髙尾山の本尊である飯縄大権現を崇敬していたという説である。上杉家伝来の鎧、重要文化財色々縅《おどし》腹巻（米沢市上杉神社蔵）の兜の前立には、まごうかたなき飯縄大権現の御影が打ち出されている。しかし、この鎧が製作された年代は室町時代初期とされており、謙信以前、上杉宗家がまだ関東地方において揺るぎない地位を占めていた時代のものとなる。そもそも、上杉氏とは、鎌倉時代の中頃に藤原摂関家の一支族が関東に下向して足利氏の縁戚となり、室町幕府成立後、関東管領として鎌倉公方の側にあって権勢をふるった一族である。やがて、足利氏の支族である鎌倉公方を追放し、関東平野に勢力を伸張した。色々縅腹巻の前立が謙信自身の信仰によって取り付けられたのか、それ以前のものなのかは詳らかではない。

さて、小田原城攻略は断念した景虎だが、鎌倉鶴岡八幡宮にて関東管領職を受け継ぐ儀式を済ませ、名も上杉政虎と改めて越後に帰国する。そして、その年の秋九月には、謙信・信玄の一騎打ちの逸話で知られる、かの川中島合戦が惹起する。その後、武田氏との抗争を経て、天正元年（一五七三）には越中から加賀へ進出。越前の朝倉氏を滅ぼした織田信長との対陣を目前とした同六年に突然の病没。四九歳だった。生涯独身を貫いた謙信には実子が無く、嗣子となった景勝は越後国から会津に移った後、徳川氏によって出羽国米沢（現山形県）の地に封ぜられ明治維新を迎えることになる。

紀伊徳川家による放生会奉納

享保元年（一七一六）四月三〇日、七代将軍徳川家継がわずか八歳で夭逝。ここに家康・秀忠以来の徳川宗家の血筋が途絶えた。八代将軍を継いだのが和歌山藩紀伊徳川家の当主吉宗であったことはよく知られる通りであるが、享保の改革で知られるその時代は、政治機構の改編、緊縮財政、税収の向上策（年貢増徴や新田開発）、斬新な人材登用など、文字通り幕府政治の刷新による新たな治世の幕開けだった。

戦国時代における髙尾山の大檀越《だいだんおつ》が小田原の後北条氏であれば、吉宗転出後の紀伊徳川家こそ江戸時代における武家檀家の代表格となるわけだが、同家との関係が始まったのがこの享保の時代（一七一六〜一七三六）とされている。[26]

薬王院文書の中には紀伊徳川家との交渉を記録した由緒書（天保七年・一八三六）があるが、その冒頭には、享保三年、徳川宗直が不動尊像・護摩壇を寄進し、「御鷹」を「御奉納」という記事が見える。[27] 宗直は支藩の伊予西条藩（現愛媛県）主だったが、吉宗転出後に六代和歌山藩主を継いだ人物で、吉宗の従兄弟にあたる。

享保元年からしばらくの間書き継がれた「年々諸用記」という冊子[28]は、後世の編さん物ではなくその時起こった出来事をリアルタイムに書き留めたという点で大変貴重な史料である。その頁をめくると、確かに享保三年の部分に「御鷹御納」と記され、「御鷹匠伊藤十右衛門」の名が見える。続いて「享保三戊戌年四月十六日　御鷹御納」として「滝沢」「七曲」「茶屋」「沼打場」「浅間」「壱本橋」「土取場」「神前」という地名八ヶ所とそれぞれに御鷹匠頭高井杢右衛門他合計八名の名が書き上げられている。天保期の別の由緒書には「八ヶ所者、当山麓ヨリ神前（飯縄権現堂）

迄凡三拾六町之内、字ニ候」とあり[29]、七曲、茶屋、浅間は表参道（一号路）上の地名と推定できる。そして、鷹匠らの登山は、「放生会御奉納」としての放鷹となっている。放生会とは鳥や魚を野山や湖沼に解き放つという殺生禁断の思想に基づく儀式で、八幡宮の神事としても知られるが、そもそもは仏教の流布によって普及したものである。

さて、天保の由緒書はこの時の鷹の奉納を宗直によるものと記しているが、鷹匠の内、伊藤十右衛門、宮井三九郎、加藤長十郎、中田甚五兵衛、安藤儀兵衛の五名は幕府の鷹匠であることが判明しており、紀州家によると言うよりは、実は、幕府が関与する奉納であったということがわかる。それでは、それ以外の高井をはじめとする人物が紀州家の鷹匠であったかと言うと、それは確証がない。放鷹は翌年、さらに享保一四年、一五年と続き、近隣の上椚田村石川家の日記にも「鷹匠衆来ル　此日高尾鷹離」「此日高尾山鷹匠衆被参　御鷹被放　川原宿ニ御泊被成候」と記された。

しかし、何故このような儀式が高尾山上で実施されたのだろうか。その理由は詳らかではないが、いくつか示唆を受ける点としては、五代将軍綱吉の時代から中断していた将軍の鷹狩が吉宗の手によって復活され、紀州家も新たに鷹場（現埼玉県東南部）を拝領した時期であったこと。そして、「鷹」とは権威・権力の象徴として、将軍がそれにまつわる儀礼を司る中心にあった、ということである。高尾山において幕府の鷹匠によって鷹が放たれたという出来事には、それだけ重い意味が問われる。後の記録には、この放鷹について将軍の意思を志向する記述も見えるが、吉宗自身の意向であったのか、また、吉宗が高尾山をどのように認識していたのかを知る術はない。

何れにしろ、幕府鷹匠による放鷹の儀式は、その後につづく飯縄権現堂の再建や数次にわたる居開帳、江戸出開帳、紀伊徳川家の帰依といった高尾山の積極的な動きの先触れとなる出来事であった。

代々紀州家当主の帰依

天保の由緒書によると、宗直からは「度々御祈祷被為　仰付」、「高尾山本社初所々及大破候間、修覆之儀奉願候通、為修覆料金弐百両被下置」たということだが、現存する飯縄権現堂が上棟したのが享保一四年のこと、最初の放鷹よりはしばらく後であり、その間に、それだけ昵懇の間柄になっていたということになる。元文二年（一七三七）、薬王院は最初の江戸出開帳をおこなうが、それに際し竹姫の名義で葵紋付の緞子の水引（仏前に飾る幕の一種）と白幸菱綾地の戸帳が寄進されたというのは、受納を寺社奉行に届け出たとの書面も残存しており(30)相応の信憑性がある。

宗直の跡を継ぎ七代藩主となった子息宗将《むねのぶ》は、天保の由緒書によると、寛延元年（一七四八）に不動尊像の掛軸と陀羅尼経を奉納、宝暦五年（一七五五）には先に竹姫が寄進した水引・戸帳を修復したとある。

しかし、何と言っても薬王院に対し最も大きな帰依を示したのは八代藩主重倫《しげのり》であった。薬王院文書の中には、満二五歳であった明和八年（一七七一）から満四〇歳で出家するまでの足かけ一六年間にわたるかなりの数の文書が残存している。現存するその最初の文書は、薬王院隠居湛玄に宛てた自筆の書状である(31)。そこには、その年の夏以来病気が続いていること、全快する病気なのか死に至る病気であるのかという問い、仏法に帰依をしているので死に至る病気と知っても気に病むものではない、全快するのであればいよいよ養生し、病死するのであれば仏法三昧に入るので、遠慮なく聞かせてほしい、と記されている。そして、末尾にわざわざ自筆の書状である旨が記されている。

その翌年には、金二百両の初穂による八千枚護摩供養が執行され、一月一六日から五月一五日の結願《けちがん》まで薬王院門末あげての一大行事となった(32)。その間、同家の家臣が交代で代参をしている。そして、本人の病気快復のみならず、側室の安産祈願、息女・子息の無事生育の祈祷依頼が相次ぎ、中には出生を公にする以前の子息についての依頼もあり、いかに薬王院への信頼が厚かったかが知れる。実は、この明和八年・九年の内に、重倫は一男三女を亡くすという悲運に見舞われていた。自らの不調と相次ぐ子らの死がこのような傾倒をもたらしたのだろうか。

ところで、重倫の病気とはいかなるものであったのか。『南紀徳川史』(33)には「癪気」という病名が出てくる。癪気とは胸部や腹部の強い痛みのことを言うが、別に腹を立てて激昂するという意味もある。重倫自身は、評伝を見る限り激しやすい性格で、怒りのあまり殿中で抜刀したり、隣家が建てた望楼に腹を立てて花火を打ち込ませたりという奇行も伝えられている。先の書状に見られる穏やかに自らの生死を慮る姿からすると、そうした逸話は意外な感もある。

紀州家祈祷所廃止と再興

重倫による祈祷依頼は約五年間にわたり断続的に続く。しかし、安永五年（一七七六）には直近に発生した藩邸の火災を理由とする倹約のため、例年年末に納めていた八千枚護摩供養の祈祷料を次の年より五ヶ年間止めにし、正・五・九月の祈祷のみとすることが通達されている。(34) 実は、その前年二月に病気がちであった重倫が藩主の座を退き、叔父にあたる治貞が九代藩主を継いでいた。天明六年（一七八六）一一月には、それまで正・五・九月に祈祷料を納め御札守を受け取ってきたものを、この度白銀五〇枚を納めるので祈祷の執行は勝手次第とし、御札守は不要であると、以降は実質的に祈祷所としての依頼を止めるという通達を受けることになった。(35) その年、隠居の身にあった重倫は出家している。重倫の引退・出家を契機に、紀州家との関係はいったん清算されることになるが、折柄、藩財政の厳しい時期でもあった。

寛政二年（一七九〇）の暮れ、薬王院は来春の江戸湯島出開帳を控え、紀州家に対し開帳場に飾る戸帳・水引の奉納を願い出る。(36) これは、去る元文の出開帳にあたっての奉納、宝暦の居開帳の際の修復という先例に従って形式的に出されたものとも考えられるが、前年に藩主が一〇代治宝《はるとみ》に交代したことも考慮されていたかも知れない。同時に、これまでの紀州家との関係を細かく記した由緒書が作成された。(37) 湯島出開帳の時代は世の景気も決して悪くなかったという記録が別にあるが、(38) 紀州家祈祷所の地位回復を志向した動きと言える。この時、願いの通り戸帳・水引が奉納されたということが後世の記録に見えるが、(39) 従前のような継続的な祈祷・御札守の献上という関係には戻らなかった。

それには、なお時日が必要だった。

それから七年後の寛政九年、薬王院は再び紀州家との関係を復活させるべく、祈祷を仰せつかるよう願い出る。この時は、古くからの護摩檀家である多摩郡荻久保村（現東京都杉並区）の井川忠三郎という人物が紀州家と「御出入」の関係を持っていたため仲立ちを頼み、その年の一〇月、江戸に出府した薬王院住職は一五日家臣の村岡八蔵を訪ね、それまでの関係を記した御札守差上についての願い書を提出した。折り返し、村岡からは願いの義は御意を得たので参上するようにとの書状が届く。

村岡は御広敷御用人という藩主近くに仕える役職にあり、かつ勘定奉行を兼務するという、文字通り藩の中枢にある重要人物だった。井川と村岡との関係は詳らかでないが、薬王院にとっては願ってもない人物を通して関係の修復を図ることができた。二四日、井川も同道し、薬王院は紀州家の屋敷を訪れ「先年の通り」「御祈祷御用」を仰せつかり、以後、幕末まで御札守を届ける関係が続くことになる。

年が明けた後、薬王院は藩主治宝へのお目見えを願い出て許されるが、その際「当事（現在の意）厳敷御省略中ニ付、差上物等之儀ハ一統御断被成候」と強く申し付けられており、祈祷所の復活は先例に依拠した、特段の配慮によって実現したことをうかがわせる。

代々の藩主がなぜ薬王院に対して帰依を示したのか、それを具体的に論証する史料は残念ながら見つかっていないが、髙尾山と紀州家を結ぶ周辺情報をもう少し拾ってみたい。

帰依は将軍に転出した吉宗の後を継いだ宗直にはじまり、宗将、重倫と続くが、重倫は最も深い帰依を示した人物だった。この両者は、それぞれ死後「菩提心公」「観自在公」と仏教にゆかりの称号で呼ばれているが、他の歴代藩主とは明らかに異なったおくり名の付け方となっている。それだけ、特別に仏教への造詣の深かった藩主とうかがえる。

宗将については、髙尾山へは寄進の記録があるのみだが、その側室が根来山根来寺との間に深い関わりを持っていたことがわかっている。『根来山誌』[40]は根来寺への援助に手厚かった人物として宗将の側室清信院、その子重倫、孫にあたる治宝の名を挙げている。中でも、清信院は中興の大檀越《だいだんおつ》と称されている。根来寺には紀州家一族の墓碑が四基ある。まずは清信院、そして同じ宗将側室の浄眼院と明脱院、そして重倫側室の慈譲院で、何れも治宝の代に安置されたものだが、清信院は重倫の生母、浄眼院は養母、また、重倫が薬王院に祈祷を依頼した子息・息女は慈譲院との子らであり、これら根来寺に帰依の深かった女性が重倫に影響を及ぼしたであろう可能性も考えられる。なお、宗直が寄進したという不動明王像は「根来山興業大師御作」とされているが、元来根来山に伝わっていたものという読み方をするとすれば、彼らが根来山と髙尾山に相通ずるものを感じていたと見ることもできるかもしれないが、これは憶測の域を出ない。

さて、その関係の発端こそ詳らかではないものの、紀州家との関係は、薬王院の側から積極的に接近を試みていることがわかる。享保期には本社その他の修復料二〇〇両の助成を願い出ており[41]、寛政九年（一七九七）には一度途切れた祈祷関係を一二年ぶりに復活させる交渉をおこなった。また、元文二年（一七三七）の江戸出開帳以来、開帳場には葵紋付の幕が飾られ、文政四年（一八二一）の出開帳では女中衆の代参を願い出ている[42]。寺社の徳川家への接近は、経済的な援助の期待という意味ももちろんあるだろうが、時の最高権威（＝葵の紋）の帰依するところに多くの人々の信仰も集まる、という宗教世界に対する当時の支配秩序の反映と理解することができる。

尾張徳川家

薬王院は紀州家に加えて、幕末近くには尾張徳川家との間にも祈祷・配札の関係を結ぶことに成功する。

安政五年（一八五八）の一〇月、一四代将軍家茂の就任に伴う代替御礼がおこなわれた。これに参列するため江戸に出府した薬王院は、御礼の終了後、市ヶ谷の名古屋藩邸を訪れ、藩主はもとより家老の成瀬・竹腰をはじめとする重臣の面々との間に祈祷・配札の関係を取り結んだ(43)。明治維新を一〇年後に控え、尾州家との関係は長くは続かなかったが、その間、同家の子孫繁栄を祈念する八千枚護摩供養、十万枚護摩供養の執行が記録に残っている(44)。尾張徳川家は石高六一万余石で加賀前田家、島津家、伊達家に次ぐ大身だった。濃尾の沃野を睥睨する台地の西端に構えた近世屈指の城郭を本拠に、信州木曽の豊富な森林資源を領有し、徳川将軍家の扶翼を担う御三家の中でもその筆頭格にあった。

薬王院はかねてから、その尾張徳川家の祈祷所となることを念願としていたようだが、尾州家一四代慶勝の時代には果たせなかった念願を、次代茂徳《もちなが》への代替りのタイミングで果たすことになる。その際、仲立ちとなったのが武野新左衛門信邦という人物だった。紀州家との交渉を再開し得た際も、多摩郡荻久保村在住の古き護摩檀家の名が挙がっていたが、こうしたキー・パーソンの存在が成否を左右したようである。武野はそれ以前から護摩札の配札を受ける檀家となっており、文化六年（一八〇九）の「江戸田舎日護摩講中元帳(45)」にもその名が見えるが、武野の名は追記の形で記されている。この帳簿は弘化三年（一八四六）が最後の年次で、安政五年よりは以前に記入されたものと思われる。

武野には紀州家の影がちらつく。信邦は文化四年に武野家に養子に入っているが、元を辿ると紀州家の支藩伊予西条藩の家老片野家の出身だった。そこから先、紀州家を通してどのような縁が髙尾山との間にあったかは全く不明だが、嘉永二年（一八四九）に「御用人」、安政五年、すなわち茂徳の藩主就任と時を同じくして「御側懸り」という藩主の側に仕える要職に就いている。武野のこの昇進が薬王院にとって祈祷・配札関係を結ぶ決め手となったことは間違いなさそうである(46)。

藩主の座を譲った慶勝はその時三四歳。井伊大老派との政争の結果、隠居を命ぜられたのである。慶応三年（一八六七）末の王政復古にあたって慶勝は新政府の議定職に迎えられ、その年明け早々、藩の重臣が一挙に粛清されるという事件が発生する。青松葉事件と呼ばれるこの事件は、成瀬・竹腰という両宿老による派閥抗争の結果、左幕派であった竹腰側が一掃されたものと評価されているが、この時の刑死者の中に武野の名が見える。すでに隠居の身だった(47)。

護摩檀中の諸大名

文化六年の「江戸田舎日護摩講中元帳」（以下、「元帳」と略す）では、江戸の在住者の中には、当然、大名・旗本クラスの檀家が含まれてくる。彼らが自らの意思で髙尾山を信仰の対象と選んだかは検討の余地もあるが、どのような履歴を持つ人物が髙尾山の檀中にあったか、順を追って見てみたい。

越前松平家

「元帳」に見える大名家の中で、紀州家に次ぐビッグネームとなるのが、福井藩越前松平家となる。親藩と呼ばれる徳川一門の中では御三家に次ぐ家格を誇る。配札される札の形状に関する記載も詳細で、他の大名とは明らかに扱いの異なることがわかる。

元帳には「越州中将様」の名が記されているが「文化七午年逝去」と追記があるので、当時は隠居の身であった、初代秀康から数えて十二代目の藩主となる重富のことになる。並んで「松平越前守殿」の名があり、こちらは十三代治好ということになる。越前松平家の始祖秀康は徳川家康の次男で、豊臣秀吉の養子となった後、さらに結城家の跡を継いだことにより結城秀康の名で知られるが、二代将軍秀忠の兄にあたる。その子忠直は大坂夏の陣において大坂城一番乗りを果たす。江戸時代の中頃となりその血統は途絶えるが、名族の系譜を慮り特例で八代将軍吉宗の三男一橋宗尹の子が養子に迎えられ十一代藩主重昌となった。重昌もまた早世し、さらにその弟が迎え入れられたのが先の重富である[48]。

興味深いことに、重富の正室お致の方は紀伊徳川家八代宗将の娘で、髙尾山に帰依深かった重倫の妹にあたる。護摩檀家となった理由として有力な手がかりではないか。若君仁之助や息女宛にも御札が届けられていたが、元帳には応対する役人の名も記され、配札と同時に渡した書状の文案などもあり、薬王院は紀州家に次いで重要な存在として越前家を認識していたようである。「例年」「役人毎年交代」という表現から、配札は何年か続いたようだが、治好の名の脇には「文政八歳酉十二月逝去　卒去ニ付断相成候」と記され、以降の関係は不明である。

浜田松平家

越前家につづき、松平姓を名乗る譜代藩主としては、浜田藩（現島根県）六万余石の松平周防守の名が挙がる。その祖先は徳川家康の三河以来の家臣で、元は松井姓だったが、やがて松平姓を名乗ることを許される。各地を転戦、常に最前線に在城し、関東入国後も騎西（現埼玉県）、笠間（現茨城県）と移り、江戸時代を通じてその大半は石州浜田に在城していた。

宝暦九年（一七五九）、藩主康福は浜田から古河（現茨城県）に転出して寺社奉行に就任。後に老中を務める。その子、康定は国学への造詣深く、父に続いて寺社奉行を務めた。元帳に記された当主は、時期的に康定（文化四年没）の跡を継いだ康任ということになるが、父と同じく好学の藩主として知られている。やはり、寺社奉行を務めるなど、能吏の家系と言うことができる[49]。

寺社奉行と言えば、もちろん、薬王院にとって利害少なからざる相手だが、松平周防守の名が帳面に記されたのが、表紙の年代にある文化六年から間もない頃とすれば、康任が寺社奉行に就任するのはまだその先となる文化一四年のことだった。先代、先々代が寺社奉行を務めた家柄であることを認識した上で、やがては当主が寺社奉行に就任することを見越しての護摩札献上であったのかも知れない。元帳には御札の配札とともに、正月には吉野榧・昆布などの進物を献上する旨が記されている。

三田藩九鬼家

「元帳」に見える九鬼和泉守は、寛政一〇年（一七九八）に家督を継いだ当主隆国（一七八〇〜一八五二）のことになる。摂津国三田藩（現兵庫県）三万六千石の外様大名である。文政元年（一八一八）には藩校造士館を設立するなど好学の藩主だった(50)。

九鬼家は中世には熊野水軍を構成する一族で、志摩半島に移った後、鳥羽城を根拠とした。永禄一二年（一五六九）に織田信長が伊勢国に進出するとその麾下に加わり、石山本願寺合戦においては大坂湾上で毛利の水軍と交戦した。江戸時代に入り、寛永一〇年（一六三三）、久隆の時、三田へ転封となり中世以来の水軍の一族は水辺を離れることになった。隆国の履歴としては、享和元年（一八〇一）江戸城大手門外で火を防ぐ大手組大名火消を勤めたことが挙げられる(51)。

鳥羽藩稲垣家

その、九鬼家の故地である鳥羽の藩主稲垣信濃守の名も見える。三万石の譜代大名であるが、志摩国ほぼ一国支配だった。当主長続（一七七二〜一八一八）は天明六年（一七八六）に家督を継いでいる。

その祖先は三河時代の徳川家（当時は松平家）家臣牧野氏に仕えていた。関ヶ原合戦の翌年（慶長六年・一六〇一）、当主長茂は上野国伊勢崎一万石に封ぜられ大名に列せられた。以後、烏山（現栃木県）、大多喜（現千葉県）、刈谷（現愛知県）を経て、昭賢の時鳥羽藩主となった。九鬼家が三田に移封するのはそのかなり前のことである(52)。

しかし、長続には隆国と一つ通ずる点があった。長続の曽祖父昭賢は火消に功のあった人物として知られているが、長続もまた文化五年には桜田門防ぎの大名火消を勤めていた。髙尾山飯縄大権現の火伏せの利益が火消に従事する大名の信仰を得たという見方ができるだろうか(53)。

三草藩丹羽家

丹羽式部少輔は譜代一万石の大名。播磨国三草藩主として当地に陣屋を構えていたが、定府大名であり、参勤交代による国元との往来はなかった。その祖先は織田家の家臣で、尾張国丹羽郡を本拠としていた。同姓だが信長の家臣として名高い丹羽長秀とは別の家系となる。信長亡き後は子の信雄に仕えるが、勘気を蒙り家康の庇護下に入る。豊臣・徳川が交戦した小牧・長久手の合戦で戦功を挙げ家康の信任を得るが、秀吉の意向で小田原の役には再び信雄の配下に戻された。その後再び徳川家に従うことになり、江戸時代には一万石ながら大名に列せられた。

当主氏昭（一七八三～一八二七）は寛政八年（一七九六）に家督を継ぎ、文化元年から一〇年の間には大番頭を勤めていた。先の二家に比べると、丹羽家と髙尾山との間にはこれといった因縁が見えてこない(54)。

貝淵藩林家

林肥後守忠英《ただふさ》（一七六五～一八四五）は「元帳」の作成時には七〇〇〇石の持高で一万石の大名には届かない大身の旗本だった。しかし、薬王院からは「中奉書札守台付」が届けられており、他の大名家と同格だった。

林家の祖先もまた徳川家の三河譜代に連なる。『寛政重修諸家譜』の記事で、特に古い時期の逸話はあくまで伝承的と見るのが妥当だが、家康からは八代前にあたる三河松平氏初代親氏以来の家臣で、祖先忠政は家康の小姓を勤めたという。家康の父広忠時代の織田氏との抗争から大坂夏の陣に至るまでの間、四代の当主の内三代までもが戦場で討死を遂げるという、戦国の習いとは言え壮絶な家系である。

さて、文化の頃の当主忠英は十一代将軍家斉就任とともに小姓となり、「元帳」作成の当時は側衆を務めていた。やがて、文政八年（一八二五）、若年寄昇進にともない三〇〇〇石を加増されて一万石の大名となる。上総国貝淵（現千葉県木更津市）に陣屋を構えるが、前出の丹羽氏と同じく定府大名だった。家斉の寵臣として稀有の出世を遂げるが、薬王院檀中の中では寺社奉行・老中を務めた松平周防守康任（浜田藩主）に次ぐ要職就任となった(55)。

久留米藩有馬家

「元帳」には名が見えないものの、髙尾山の施主となった大名として久留米藩有馬家がある。薬王院文書の中にある「寛政十一年未七月　宝篋印塔建立之一件」という冊子の裏表紙には「宝塔大檀那筑後国久留米城主有馬中務大輔頼貴殿」の記載がある。(56) この、「宝篋印塔」とは、実際には唐銅製の五重塔で、塔基の銘文には文化九年の建立とあるが、江戸で制作されたのはその以前のことで、その経緯をまとめたのが先の冊子ということになる。

久留米有馬家は二一万石の外様大名で、祖先は南北朝～室町期に活躍した播磨国守護赤松則村に遡る。九州で有馬家と言えば、キリシタン大名として名高い肥前国の有馬晴信がいるが、全く別の家系である。晴信系は、後に日向国延岡、越前国丸岡と移り、大名家として存続している。赤松系の有馬家は羽柴秀吉の西進にともないその家臣に列するが、関ヶ原合戦では東軍に属した。元和六年（一六二〇）に久留米の地に封ぜられるが、(57) 前出の九鬼家が移封した播磨国三田は、奇しくも同家の故地にあたる。九鬼・稲垣・有馬はそれぞれの新旧領地に関わりを持つわけだが、今のところそれは奇縁と言うほかない。

先の冊子の記録によると、倒壊して再建の目途が立たなかった五重塔のことを知り、飯縄大権現を崇敬する頼貴（一七四六～一八一二）が資金の提供を申し出たという。頼貴の先代頼徸《よりゆき》は寺社への崇敬厚く、領内の寺院に対する寺領の寄進や古刹の再興で知られるが、頼貴自身が髙尾山とどのようなつながりを持っていたかは、この塔再建の一点以外に何の手がかりもない。あるいは、塔建立に奔走した民間宗教者足袋屋清八の関わるところであったのかも知れない。

旗本クラスの護摩檀家

「元帳」には旗本クラスの護摩檀家の名も多く見える。その中においても、役職や護摩檀家間の人間関係という点で印象的な事例を紹介したい。

将軍の側衆

一万石の大名となった林肥後守忠英は、「元帳」の表紙に記された文化六年段階には、旗本として将軍家斉の側衆に在任中だった。同じく側衆の職にあった平岡美濃守頼長の名が同帳に見える。平岡は五〇〇〇石と大身の旗本で、天明元年（一七八一）に家斉が世継として江戸城西ノ丸に入った時に小姓となり、同五年に家斉が将軍職を継ぐため本丸に移った際もそれに従っている。林が家斉の小姓となるのは将軍就任の年、天明六年のことで、平岡はその先輩格となるが、幼少の頃から連れ添った家斉の側近中の側近であった。頼長の祖先は河内国の平岡郷の出という伝えがあり、遠祖頼勝は関ヶ原合戦の時小早川秀秋の家臣として従軍しており、内応軍の先鋒として戦功を立て、後に旗本に列した(58)。

名族の後裔

天明元年の家斉西ノ丸入りに際して小姓となった人物に前田熊次郎矩貫の名も見える。家斉の将軍就任を待たずに中奥小姓に転出しているが平岡とは相知った間柄となり、両名が「元帳」に名を連ねるのは偶然とも思えない。矩貫は二五〇〇石の旗本だったが、祖先を辿ると加賀百万石の祖前田利家に行き着く。利家五男の利孝のさらに次男の家系ということになる(59)。

名族の傍系に位置する人物としては、織田主計頭信由の名も見える。その姓から察せられる通り、信長の九男信貞の後裔にあたる。豊臣政権下において近江国蒲生の地に一〇〇〇石を宛がわれていた信貞は、決戦には間に合わなかったが関ヶ原合戦にあたって徳川方に参陣した(60)。信由は七〇〇石の旗本ながら高家衆肝煎という役職にあった。「高家」とは江戸城中や幕府・朝廷間の儀礼を司る役目で、その最も名の知れた人物は吉良上野介義央だろう。大名ではない一〇〇〇～二〇〇〇石の旗本から任命されているが、その名称の如く高い家格――すなわち、名族の子孫から取り立てられ、世襲で勤めるのが一般的だった。禄高に比して官位が高いのが特徴である。なお、信由と髙尾山との具体的な接点は不明である。

綾なす人間関係

大身の旗本や名族の後裔とは反対に、少禄の旗本の事例を見てみると、足高を含めて三〇〇俵取りだった川村清兵衛修富《ながとみ》が挙がる。川村は日記が伝世しており下級旗本の勤務や生活の様子を知る恰好の史料となっているが、その中には、髙尾山に関する記述も見られる。文化七年に息子の釜五郎を髙尾山に代参に出したという記事だが、檀家としてその名の見える「元帳」の年次の一年後となる。修富は信心深い性質で、日記には、他にも日光、筑波、相模大山へ代参を出した記事が見られ、そうした中の一寺社が髙尾山だったということにもなる。

注目されるのは川村をめぐる人間関係である。川村は細工所頭を務めていたが、城中の施設・設備の営繕係であるこの役は大奥の庶務係とも言うべき役務を兼ねており、前出の側衆平岡美濃守から下命を受ける立場にあったことが日記から分かる。そして、「元帳」では川村の名に続いて奥女中とおぼしき「お兼との・瀬川との」の名があり、川村が札を取り次いでいたことは濃厚である。将軍や諸大名の奥向が寺社への信仰に大きな影響力を持っていたことは、紀伊徳川家の例などさまざまに見える通りである。

川村家の来歴を辿ると、修富の祖父修常は和歌山藩主当時の吉宗に召抱えられ、将軍就任時に江戸に従い御庭番を勤めた。「元帳」に名のある川崎平右衛門定安もまた祖父定孝が吉宗によって民間から登用された代官であったことがよく知られ、当時、髙尾山信徒の中で存在感のあった民間宗教者足袋家清八もまた紀州家に仕える人物だった。その根本的な要因はなかなか明らかにできないが、さまざまな点が紀伊徳川家へ収斂してゆく動向は注目される。(61)

火消役による信仰

「元帳」には稲垣、九鬼といった火消役を勤めた大名の名が見えるが、旗本クラスにもそれが指摘できる。防火関係の役職に就任する者の数は大名・旗本ともに数多く、髙尾山の利益が火伏せであったとしてもそれが理由というのはやや根拠として薄弱な感もある。しかし、護摩檀家となっている大名・旗本の中に占める防火関係の役職就任者という見方をすれば、それは確かに目立つ傾向ではある。あるいは、火消役を勤める家系を檀中に取り込むことを薬王院が目指したということなのかも知れない。

早い時期にこのクラスの護摩檀家として確認できるのが久貝《くがい》忠左衛門である。「永代日護摩家名記[62]」という護摩檀家帳に唯一「旗本」の肩書きで記載されるのが久貝氏である。「天明二年寅二月朔日　一、永代」の下に武蔵国入間郡長瀬村（現埼玉県毛呂山町）名主兵助と久貝忠左衛門の名が併記されている。配札の理由として「病気為快気」とあるが、当主正甫《まさひろ》は四月一四日に死去しており、すでに正甫の病状重くという局面での護摩供の依頼だった。久貝氏知行所である同村名主兵助と久貝氏はかなり密接な関係にあったと思われるが、兵助の名が先にあるのは、この人物を介して久貝氏への配札が実現したことを推測させる。

久貝氏の祖先は山城国乙訓郡久貝村を本貫の地とし、戦国期には美濃国から浜松へ移って家康の家臣本多忠勝に従ったと伝えられる。その久貝正勝の子正俊は徳川秀忠の小姓として旗本直参となった。その子正方は定火消、火付盗賊改役を務め、勘定奉行に昇進、次の正順も定火消、正保は火事場見廻と代々火消関係の役職に縁があった。正甫を継いだ正貞も火事場見廻を勤めたが、その時には五五〇〇石と大身の旗本だった。

安政六年（一八五九）の「東都賦札帳[63]」に名の見える神保伯耆守長興は、安政三年に火事場見廻を兼務している。ただし、神保氏は長興以前からの檀家で火消関係の役職就任がその直接の動機とも断定し難い。神保氏は応仁の乱の主役級であった畠山政長に仕えたと言い、近江国に進出した信長に敗れ、秀吉の配下となったが家中の刃傷沙汰に関与して出奔し、家康に属したという[64]。

同帳の内藤外記正当は、前年に薬王院が江戸に出府した際の記録「御在府中雑日記[65]」にも登場する人物である。五七〇〇石と大身の旗本で、安政三年から百人組頭の地位にあったが、弘化三年（一八四六）寄合・火事場見廻兼務、嘉永三年（一八五〇）定火消、父正迪も火事場見廻及び火消、曽祖父正範も定火消を勤めた火消役の家系だった。祖先を辿ると三河譜代の旗本である(66)。

この内藤家の縁で意外な発見があった。「元帳」に見える水上帯刀正相は三〇〇〇石の旗本だが、その母は内藤外記正芳の娘だった。正芳は正当の四代の祖にあたる。数多い旗本家の中にあってこれは偶然のことだろうか。紀伊徳川家と越前松平家の例もあり、姻戚関係が同じ寺社を信仰する契機たり得たと考える余地はあるだろう。水上家は元甲斐武田氏の旧臣で、主家の滅亡後家康に従った(67)。

髙尾山の霊験に開運出世があると言っても、火消役酒井仁之助忠績（「御在府中雑日記」）のケースは、これはまた思いもよらぬものだった。五〇〇〇石の大身とは言え、薬王院が江戸出府の際交流を持った時には三一歳の一青年旗本。ところが、二年後の万延元年（一八六〇）には姫路藩一五万石の藩主に迎えられ、文久三年（一八六三）老中、慶応元年（一八六五）には大老と、破格の出世を遂げることになる。姫路酒井家は家康の重臣酒井忠世を祖とし、その孫忠清は老中・大老を務め、弟忠能の後裔にあたるのが仁之助であるから、宗家からはかなり遠い傍系からの養子だった。江戸期は飯縄権現堂の前にあった二ノ鳥居の額を染筆したのが五代前の姫路藩主酒井忠道であったと伝えられるが、奇しき縁と言うしかない(68)。

註

（1）法政大学多摩図書館地方資料室委員会編『髙尾山薬王院文書』一（法政大学、一九八九）一九三号文書。以下、本史料集は『髙尾山薬王院文書』一のように省略して表示する。また、幕府による初期の教団統制については、宇高良哲『江戸幕府の仏教教団統制』（東洋文化出版、一九八七）に詳しい。

（2）圭室文雄『江戸幕府の宗教統制』（評論社、一九七一）を参照。

(3)　薬王院への寺領下附については、西沢淳男「高尾山薬王院寺領成立過程と朱印状交付について」(村上直編『近世高尾山史の研究』雄山閣出版、一九九八)に詳しい。
(4)　新義真言宗醍醐派の事例としては、櫛田良洪『真言密教成立過程の研究』(山喜房佛書林、一九六四)に詳しい。
(5)　第一章「一　「高尾山縁起」に記された時代」参照。
(6)　寺院本末帳研究会編『江戸幕府寺院本末帳集成』(雄山閣出版、一九八一)
(7)　拙稿「第六章　寺院と神社」(『袖ヶ浦市史』袖ヶ浦市、二〇〇一)。なお、薬王院門末寺院の寺格については時期によっても異同があるが、本文の内訳は寛政七年(一七九五)の「寺院本末帳」(前掲註(6))による。
(8)　前掲註(7)拙稿に収録した事例及び薬王院の本末関係に言及した著作として、吉岡孝「近世寺院における門末秩序と地域の論理」(村上直編『近世高尾山史の研究』名著出版、一九九八)がある。
(9)　『高尾山薬王院文書』二―二三九号文書
(10)　『高尾山薬王院文書』二―四二四号文書
(11)　享保元年～宝暦一三年「年々諸用記」(『高尾山薬王院文書』三―五八九号文書)
(12)　大友一雄『日本近世国家の権威と儀礼』(吉川弘文館、一九九九)参照。
(13)　前掲註(7)に同じ。
(14)　将軍と寺社との儀礼については、西沢淳男「寺社の将軍代替御礼と殿中儀礼」(『日本歴史』五八八、一九九七)に詳しい。
(15)　前掲註(11)に同じ。
(16)　『高尾山薬王院文書』一―一五五号文書
(17)　『高尾山薬王院文書』一―一三〇号文書
(18)　「江戸田舎日護摩講中元帳」(『高尾山薬王院文書』二―五〇九号文書)また、同帳に記載された檀家の実態について調べた著作に、實形裕介「江戸における高尾山薬王院信徒の実相について」(村上直編『近世高尾山史の研究』名著出版、一九九八)がある。
(19)　年不詳「永代日護摩家名記」(『高尾山薬王院文書』二―五二二号文書)

(20) 第五章「三　髙尾山の開帳」参照。
(21) 第五章「一　講活動」参照。
(22) 安政五年「御在府中雑日記」(『髙尾山薬王院文書』三―六一〇号文書)
(23) 『髙尾山薬王院文書』一―四、五号文書
(24) 上杉謙信の事跡については、花ケ前盛明『上杉謙信』(新人物往来社、一九九一)を参照。
(25) 前掲註(24)に同じ。
(26) 『髙尾山薬王院文書』一―三〇〇号文書。また、紀伊徳川家と髙尾山との関わりについては、吉岡孝「近世後期における寺院の新動向と社会変容―紀州藩・薬王院・足袋屋清八―」(『法政史学』四六、一九九六)及び安田寛子「髙尾山薬王院と紀州藩―薬王院文書の書簡と由緒書を中心に―」(村上直編『近世髙尾山史の研究』名著出版、一九九八)に詳しい。
(27) 前掲註(26)に同じ。
(28) 前掲註(11)に同じ。
(29) 『髙尾山薬王院文書』一―七四号文書
(30) 『髙尾山薬王院文書』一―二五八号文書
(31) 『髙尾山薬王院文書』一―二五九号文書
(32) 『髙尾山薬王院文書』一―二六〇号文書
(33) 『南紀徳川史』二(南紀徳川史刊行会、一九三〇)
(34) 『髙尾山薬王院文書』一―三一八号文書
(35) 『髙尾山薬王院文書』一―二九四号文書
(36) 『髙尾山薬王院文書』一―二九七号文書
(37) 『髙尾山薬王院文書』一―二九六号文書
(38) 『髙尾山薬王院文書』二―五一〇号文書
(39) 『髙尾山薬王院文書』一―三〇四号文書

(40) 根来山誌編纂委員会編『根来山誌』(晃洋書房、一九八六)
(41) 『髙尾山薬王院文書』一―三〇〇号文書
(42) 前掲註(39)に同じ。
(43) 『髙尾山薬王院文書』二―五一五号文書
(44) 『髙尾山薬王院文書』二―五二九、五三二号文書
(45) 『髙尾山薬王院文書』二―五〇九号文書
(46) 武野の出自と動静については、『稿本藩士名寄』たノ六、たノ九(蓬左文庫蔵)、または、新見吉治「江戸時代中期尾張藩士知行の研究」(林董一編『新編尾張藩家臣団の研究』国書刊行会、一九八九)を参照。
(47) 水谷盛光『実説名古屋城青松葉事件―尾張徳川家お家騒動―』(名古屋城振興協会、一九七二)
(48) 越前松平家については『福井市史』通史編2近世(福井市、二〇〇八)を参照。
(49) 浜田松平家については『浜田市誌』上(浜田市総務部企画広報課、一九七二)を参照。
(50) 三田藩九鬼家については『三田市史』下(三田市役所、一九六五)を参照。
(51) 木村礎・藤野保・村上直編『藩史大事典』第五巻近畿編(雄山閣出版、一九八九)
(52) 『新訂寛政重修諸家譜』第六(続群書類従完成会、一九六四)
(53) 石井良助監『編年江戸武鑑文化武鑑四』(柏書房、一九八二)
(54) 三草藩丹羽家については、脇坂俊夫『三草藩の研究』(社町学術文化振興協会、一九九一)を参照。
(55) 小川恭一編著『寛政譜以降旗本家百科辞典』(東洋書林、一九九七～一九九八)
(56) 『髙尾山薬王院文書』三―五五二号文書
(57) 『新訂寛政重修諸家譜』第八(続群書類従完成会、一九六五)
(58) 『新訂寛政重修諸家譜』第四(続群書類従完成会、一九六四)
(59) 『新訂寛政重修諸家譜』第十七(続群書類従完成会、一九六五)
(60) 前掲註(57)に同じ

(61) 川村の動静についてはその日記が、小松重男『旗本の経済学』(新潮選書、一九九一)に取り上げられている。
(62) 前掲註(19)に同じ。
(63)『髙尾山薬王院文書』二―五一六号文書
(64) 前掲註(55)に同じ。
(65) 前掲註(22)に同じ。
(66) 前掲註(55)に同じ。
(67) 前掲註(55)に同じ。
(68) 前掲註(55)に同じ。

第八章　経済基盤と経営

一　髙尾山の経済基盤

江戸時代の中期から後期にかけて興隆期を迎える髙尾山であるが、次に寺勢拡大の前提とも言うべき財政基盤の問題を取り上げたい。

寺社の財源と言うと、まずは信者からの奉納金があるが、財産という意味では所持地もまた重要な経済基盤である。そこで、まずは薬王院が所持していた土地に関して考察を加えてみたい。寺院の所有地と言うと、境内地、もしくは墓地などが連想されるが、現代の寺院の印象とは別に、江戸時代の寺院は村の宗判寺院クラスから中本寺クラスを含めてかなりの土地や山林を所有していたということがある(1)。

後北条氏による寺領寄進

戦国大名として関東に版図を拡大しつつあった北条氏康は、永禄三年（一五六〇）、高尾山薬師堂別当に対し薬師堂修復のため「於武州一所」を寄進した(2)。

為高尾薬師堂修理、於武州一所進可申候、不断勤行本意祈念可有之者也、仍状如件

永禄三年
十二月廿八日　　　　　　　　　　氏康（花押）
薬師堂
別当

「一所」というからにはそれは土地を意味し、そこからの収益を修復料に宛てるということから、寺領の寄進と理解することができる。それとは別に、多摩地域の支配を担った氏康の三男氏照による寺領寄進の書面が残る。(3)それによると、「於椚田三千疋、永寄進申候」と、すなわち一時的な資金の供与ではなく、「椚田」という地名が明示されていることにより、やはり三千疋の収益が見込まれる土地の寄進と理解することができる。「疋」とは貨幣の単位で、「貫」に直すと三千疋は一五貫となり、この数字は後々慶安元年（一六四八）の朱印地七五石の基準となった。残念ながら、氏照の寄進状には年号が付されていないが、永禄四年とする説がある。(4)

徳川幕府による寺領安堵

後北条氏の滅亡の後、髙尾山は荒廃の時期を迎えるが、それにしても、将軍家光から寺領安堵の朱印状が発給されたのはようやく慶安元年のことであり、徳川家康が関東に入国してからすでに五八年もの歳月が過ぎてからのことだった。

寺院・神社の所持地の中には、公家や大名の領地と同様、将軍から領地として認可されていたものがあった。その証書に押された印の色から「朱印地」と呼び、大名が発給する場合は「黒印地」ということになる。村の宗判寺院や鎮守社レベルの寺社の境内地が免税地となっている場合があり、「除地」と呼ばれている。朱印地に較べると、もちろん規模も小さく、格式としても全く別物となる。除地すら認められない事例ももちろんあった。

徳川将軍家は、獲得した領地における寺院・神社との間に新たな支配被支配の関係を築くため、旧領主から与えられていた諸特権をひとまず解消した後、あらためて将軍によって認可するという手続きを踏んだ。徳川氏による寺社領の安堵は、初代家康の領国下に始まり、その中には新規の寄進もあれば、旧領主の寄進地を追認するものもあった。そして、三代家光の時、慶安二年（一六四九）に朱印状発給数は最多となるが、一部の例外を除いてこの年が朱印地下附の最後の年となった。[5] 薬王院が寺領七五石の認可を受けたのは、その前年ということになる。

武蔵国村々の石高を書き上げた「正保郷帳」[6] の中には、多摩郡上椚田村の頭に「高七拾五石　高尾山飯綱社領」とある。この郷帳は正保元年（一六四四）に作成が下命されたもので、多摩郡村々の数値が揃うのは慶安二年のことだった。つまり、薬王院の寺領朱印地七五石が確定するのはこの作業の最中ということになり、郷帳作成を薬王院寺領確定の契機とする指摘がある。[7] 実際、薬王院文書の中には、この時期、周辺を支配する幕府代官岡上《おかのぼり》景親が関与して朱印状発給の申請がおこなわれた関連の史料が残存する。[8]

ところで、岡上から寺社奉行に宛てた正保四年（一六四七）三月十五日付の書面には気になる文言がある。「先規ニハ山林を高拾五貫ニ結、地方拾五貫、合三拾貫北城（マヽ）家ゟ被任置候」という、後北条氏寄進地に関する点である。薬王院の朱印地は、後北条氏の寄進地一五貫の土地を一貫五石替で七五石としたものであるが、一五貫という数字からは氏照が寄進した椚田の土地三千疋＝一五貫が浮かぶ。すると、それ以前に氏康から寄進された薬師堂修復料の土地はどうなったのだろうか。それを考えるとこの文脈は意味深長である。岡上が言う山林と地方をそれぞれ一五貫云々とは、片方が氏康から、もう一方が氏照からの寄進地という意味になるのではないか。

つづいて、「御入国以来、地方ハ上り、山林ハ爾今持来て罷成儀ニ御座候」とある。つまり、徳川家康が関東に入国した後、地方（耕地）は「上り」、すなわち収公されてしまったというのである。そのため、「山林之分、此度御朱印罷出候様ニ奉仰候」と、残りの山林分のみ朱印地として安堵されるよう申請するとしている。ところが、同じ岡上の二一日付の文書では、七五石の内に「山林・竹木・山中之田畠共」含まれるという解釈が示されるのである。一体、なぜこのような言い替えがなされたのだろうか。一五日付の書面の文言には何か差支えがあったということだろうか。その経緯を記した岡上から薬王院に宛てた書状が残る。そこには、山林のみでは朱印地として認可されないと考え耕地という文言を加えた云々、という言い分が記されている。実際、寛文六年（一六六六）の検地に際しての届けにも、朱印地の中に畑永三八〇文が含まれていることが記されているのだが、一五日と二一日の文言の相違、そして、なぜその言い替えを弁明するかのような物言いがされたのだろうか。

　時代は下り、一九世紀に入ってからの記事となるが、『新編武蔵風土記稿』には北条氏康から境内七五石の寄進を受け、氏照から田地七五石を椚田村の内に寄進されたものの、元和年間（一六一五～二四）に寺田七五石が幕府に収公されたという一文がある。どうやら、薬王院では氏康・氏照双方から別個に寺領を寄進されたという解釈が伝えられており、正保四年の朱印状申請の際も、岡上に対しそのように主張したのではないかと考えられる。実際、薬王院には氏康・氏照両者の寄進状が残っていたわけで、岡上の弁明はそのような薬王院側の主張を寺社奉行所に対して押し通しきれなかったことに対するものと考えられる。

　戦国期に髙尾山の後ろ盾であった後北条氏の滅亡後、代わって関東に入ってきたのが徳川氏だったが、その後、薬王院は堂宇のほとんどが廃墟となり、本尊が雨ざらしとなるような苦境を迎えていた。あるいは、椚田郷における田畑の収公が髙尾山衰亡の一因をなしたのかもしれない。そして、寛永年間（一六二四～四四）に自力でもって悲願の復興を遂げた直後、それが代官岡上の仲介による朱印地申請の時期であった。

　幕府による寺領の収公という文言によって寺社奉行所から不都合を申し渡されたのか、それが合わせて三〇貫のはずが一五貫分のみの申請となった真相とまでは言い切れないかもしれないが、ともあれ、慶安元年八月一七日、代官岡上の仲介によって後北条氏の寄進地七五石は検地を経ることなく、寺領として将軍の朱印状によって安堵されることになった。

朱印地以外の所持地

寺社に対する朱印地の安堵は、その大小によって租税の徴収権や裁判権の認可から年貢上納の免除特権までを意味する。ただし、寺社の所有する土地全てがそれに該当するわけではなく、免税地以外に田畑などを所有している場合は年貢を納める必要があった。

薬王院文書の中には、文化一〇年（一八一三）一二月付の「御朱印地・除地・御年貢地持高改帳」[9]という帳簿が残る。中身を改めると、朱印地七五石のほかに「大宮免除地」「御年貢地」という土地が記されており、薬王院が支配する土地は寺領七五石以外にも存在したことが分かる。寺社の所持地が年貢地であっても、年貢以外にもちろん収穫量は見込まれ、それは寺社にとっての貴重な財政基盤となる。

「大宮免除地」とは、高尾山麓にある大宮大明神（現氷川神社）の土地で、同社の別当である薬王院が支配しており、境内地高五石二斗二升四合三勺、年貢地一二石二斗二升があった。神社の土地をなぜ寺院が支配するかというと、神仏習合という当時の寺社関係のあり方によるもので、神社＝神職の勤仕という概念が定着した今日では理解されにくいが、当時は僧侶が神社に神勤することも珍しくはなく、と言うよりは、地域によって差異はあるものの、寺院が神社を兼帯支配するケースがむしろ多数を占める時代であった[10]。実際、当時の記録を見ると、飯縄大権現社や薬師堂その他の堂宇の別当を務めるのが薬王院という記載が見られる。したがって、紛らわしくはあるが、『正保郷帳』の「高尾山飯綱社領」とは薬王院の朱印地のことである。

「年貢地」は高尾山地先の上椚田村内にあり、田は「桜川原」「ほうき沢」「山王耕地」といった場所に合計三反一畝、米の生産量である高に換算して一石一斗四升三合一勺。畑が「新五左衛門下」「平原かい戸」「平椚之下」「平浅倉橋」といった場所に合計一町四反七畝八歩、収穫に換算した取永一貫六〇九文が記されている。田畑は小字ごとに広さと収穫量、耕作を担当する農民の名が「誰々分」と記され、一九人の名が見える。狭いところでは二〇歩余、広くても一反一畝余と、かなり細切れに小作をおこなっていたことがわかる。他に漆・綿・紬の産出にかかる税、その他の雑税などが記されており、土地の所有に付随するものだったようである。田畑合わせて六〇〇平米と、決して広いとは言えない田畑だが、寛文六年（一六六六）の検地に際する届書にある朱印地内の畑永三八〇文を考えるとかなりの収量となる。実際、薬王院の朱印地は表参道のある峰の南側を中心とする山林であり、耕地は希少な存在であった。

それでは、なぜ朱印地とは別にこうした土地が存在するのだろうか。朱印地下附の際に薬王院の土地であったのならば、そこに含まれていてもしかるべきである。では、朱印地下附の慶安元年よりも後にこれらの土地は所有されるようになったのだろうか。

寛文七年四月付で「武州多麻郡高尾山境内　上長房村・上椚田村　御年貢地御水帳写」[11]という帳簿が作成されている。ここで検地を受けた土地というのは、「当山境内之地へ先規上長房村・上椚田村百姓開発仕」った田畑で、上長房村分四町一反余、上椚田村分四町四反余が書き上げられている。「御年貢地」とあるので、「当山境内」とは言っても朱印地の内ということにはならない。文字通り右の二ヶ村の内に薬王院が境内地として所持していた土地の意味になる。つづいて、延宝三年（一六七五）の「髙尾山田畑高之覚」[12]には、六反五畝余の土地とその高五石二斗六升七合五勺が記されているが、わざわざ土地の広さと分米を記していることから、年貢徴収の関係で作成されたメモと考えられる。しかし、これは先の寛文の検地帳とは数値に大きな開きがあり、その意味するところは不明である。

他に、土地関係の史料として、享保一六年（一七三一）および一八年付の質地証文が残る[13]。これは、薬王院が土地を抵当に金子を貸し出した証文であるが、一八年のものには土地に「ほうき沢」という小字名が付されており、これは文化一〇年の帳簿にも見られる地名である。このように質流れの土地が薬王院の所持地となったケースも考えられるが、もちろん、地主として質地経営ができるような規模にはならない。

江戸時代の寺院は、朱印地・除地以外にも相当な年貢地を所持していたことが判明しつつある。収益を布施に充てるという名目で寄進地とした事例も見られるが、その成立の経緯は未だ明らかとは言えない。薬王院の場合も、右の記録から年貢地の所持がわかるが、面積の記録には異同があり、増減の実態はとても明らかとは言えない。しかし、寺院が所持地の収益から運営経費を捻出していた実態は明らかになりつつあり[14]、また、土地の小作形態は、困窮した農民が小作人として耕作を請け負うという性格でもなかったようである[15]。その一つの理由は、薬王院の場合もそうであるように、一人あたりの小作地の規模が非常に小さいこと。これは、寺院の所持する小作地に共通した傾向であり、その意味は、経営面というよりは宗教活動という側面から考える必要があると思われる。

二　薬王院の寺院経営

寺務を担った人々

寺院は宗教施設でありそこに勤めるのは宗教者である僧侶が中心であるが、今日の薬王院は、直接宗教活動に関わる以外の、例えば、経理であるとか建物の営繕その他の業務も多岐にわたり、まさしく「法人」としての組織を備え、大勢の職員の存在が不可欠となっている。では、江戸時代の薬王院においては、どのような人々が寺務を担っていたのだろうか。

薬王院の歴代山主については中興の祖俊源以来代々の名が伝わっているが、山主以外の人員構成はどうなっていたのか。その内実が垣間見られる最初の史料は、「年々諸用記[16]」という帳面に記された享保五年（一七二〇）の宗門帳作成関連記事となる。そこには、山主秀定四三歳の他に四〇歳から二一歳までの弟子僧が五名、それに加え苗字のない俗名を名乗る者八名、合計僧俗一四名の名が見える。時代は下って、寛政元年（一七八九）の「出家人別帳」[17]には山主秀神三八歳の他に、二八歳と一三歳の弟子僧、不動院抱道心一名の計四名の名が記されている。僧侶以外の人員は不明である。

天明元年に三〇歳の若さで山主となった秀神の代は、江戸湯島での出開帳や後北条氏ゆかりの五重塔の再建など、薬王院の寺勢上昇の時期であり、相当の人間が経営に係わっていたことが推定されるが、幕末近くとなる安政五年（一八五八）六月の「人別取調帳」[18]ではさらに詳細な内訳が分かる。山主秀如四五歳、隠居秀仙五三歳、六一歳から二九歳までの僧侶が四名。僧侶六名という人数は先の二例からは微増だが、僧侶以外の人員については五九歳から一五歳までの「寺侍」が一二名。彼らは苗字を名乗っている。さらに、「下男」という肩書きで六一歳から三〇歳までの者六名が名を連ねており、総勢二四名が山内に起居していたことになる。

この内、「寺侍」とは、一般的には武家の次三男が期限付で寺院に勤めたというもので、薬王院の寺侍の中には近隣の名家から勤めに出た者もあり、八王子千人同心組頭を勤める家の出である高城直三郎や小仏関所番の家の出で一橋徳川家に出仕することになる川村惠十郎の名が見える。[19]この惠十郎の名が宛所となっている文書として、万延元年（一八六〇）付の山内における茶屋商いに関する議定書がある。[20]なぜ彼がそうした文書を受け取る立場にあったのか。翌年、やはり同様の茶屋商いに関する文書[21]が作成された際の宛所に「髙尾山様御役人衆中」とあるので、先の文書は惠十郎が「髙尾山役人」の立場で受け取ったものと解釈できる。

薬王院の経営関係史料を見ると、嘉永七年（一八五四）の「作事方役人」をはじめ、「普請方役人」や山林の管理に関わる「林方役人」、寺領内の田畑の管理に関わる「地方役人」の名が出てくる。[22]金子証文の宛所は、江戸時代の中頃から「髙尾山納所」という名称が使用されるようになるが、「納所役人」「納所用人」という名称も見られ、僧侶以外の人員が寺務に関与していたことを示唆し、幕末に近い時期には常時一〇人前後は勤めていたと推定される寺侍が、こうした役務を担っていたことが考えられる。

さて、こうした人別帳に記載された「専従者」以外に、繁忙期の人員として臨時に雇われたり、近隣から手伝いに出る人々があった。享保四年（一七一九）の弘法大師御影供執行時の宮番や見回り役、料理人などを務めた者の中には、相当数近隣の在住者が確認できる。度々取り上げる「年々諸用記」には御影供執行にあたっての役割分担を記した記事がある。合計二四名の者が「御宮番」「御鬮《くじ》」「奉加所」「薬師堂」「御札処」「惣廻り役」「御取次」「御給仕人」「寺内惣奉行」「料理人」「参詣案番」などの担当者として名を連ねているが、この内、御鬮担当の心教房（坊）以外は名前から俗人があたっていたことがわかる。当時の薬王院には、僧侶以外に奉公人が何人も働いていたことがわかっているが、苗字を名乗る一八名は奉公人とも考えられない。後世には武家の子弟が寺侍を勤めていたことがわかっており、この当時もそうした人々が出仕していた可能性が考えられる。しかし、むしろ注目したいのは近隣の上椚田村の在住者と確定できる者を含め、苗字によってその多くが同様に近隣から応援に出た者であると解釈できることである。薬王院の寺院経営の維持は、ただ所属する僧侶・奉公人のみの手に負えるものではなく、周辺部の人々の関与に支えられていたことがうかがわれる。

近隣の檀家が行事の手伝いにあたる事例は明治時代にも見られ、人手が必要な場合は臨時に仕事を引き受ける人々があった。弘化二年（一八四五）の「諸雑費附込帳(23)」には、やはり外部の人々が種々の用務を引き受ける事例が見られ、配札や買物など遠出の用を近隣の農民に委ねたり、火の番と料理人に月給が支払われている記事が見える。末寺の僧侶がそれを担う事例もあり、安養寺の耕雲という僧が、配札や留守番など何かと薬王院の用務を務めていたことがわかる。また、薬王院の寺領内に起居する農民もまた、諸行事の手伝い、山林の巡視、参道の保守、山主他出の際のお供、堂宇の屋根葺替などを担っていた。

地中百姓

髙尾山地先の村である上椚田村の住人の中でも、とりわけ薬王院の身内に近いところに位置する人々があった。薬王院は同村に七五石の寺領を所持していたが、そこに起居する農民たちである。寺領の農民なので「寺領百姓」とも「寺中百姓」「地中百姓」とも呼ばれていた。もとより山林が多くを占める薬王院領ゆえ人数は多くないとは言え、薬王院にとっては領民であり、彼らからすると薬王院は領主であった。

延宝九年（一六八一）の宗旨吟味帳[24]には「門前之者」として一一名が記されているが、これは元禄三年（一六九〇）の端裏書に「地中之者共より当山江差出候掟書」とある連名一一名とも一致する。では、彼らが遵守を求められた「掟」とはどのようなものだったのだろうか[25]。

指上申手形之事

一、被仰付候儀、何ニ而も背違仕間敷御事
一、惣而何木ニ而も、壱本も切申間敷御事、
一、枝木成りとも切申間敷候、若何木ニ而も切申候ハヽ、中間ニ而見合次第ニせんさくいたし、急度可申上候
一、御山廻り之儀、月ニ十日つヽ、急度相勤、御山不残無油断山廻り可仕候御事
一、御山之内、惣而道通ニ而も、やぶり松一本成りとも仕間敷御事
一、かれ木之儀、月ニ六度つヽ、御免可被下候、其外壱本もきり申間敷候御事
一、何者成りとも、御山江入候者見合次第ニ、野具とも可申上候、縁類・親類たりとも見のかし申間敷候、若見のかし申候ハヽ、中間ニ而吟味いたし、そにん可仕候、為其蓮《（ママ）》判手形指上申候、仍如件

元禄三庚午年　　御門前

十二月二日　　　　　　　　与五左衛門　㊞
（連名略）

高尾山
薬王院様御内
芳心房御申上

仰せ付けられたことに違背しないこと、山内の木は枝木であっても伐らないこと、伐られているのを見つけたら調査して上申すること、月に一〇日ずつ山内の見回りをすること、枯木は月に六度拾うことが許されること、誰であっても山内に立ち入るものは発見次第訴えること、などが記される。このような領民による役負担については、この後も度々連印した一札が残るが、他所からの盗伐を取り締まるべき文言が目立つとともに、参道の保守や普請の人足を務めることが記されている。当時の農民は、本年貢のほかにも小物成（雑税）や助郷役などの役負担を課されていたが、薬王院の寺領百姓については、一般の農民とはまた異なった状況があった。

文化六年（一九〇九）の「御山勤方覚」(26)という証文には、さらに詳しく、

御山勤方覚

一、正月元日・三月三日・五月五日・九月九日・十二月廿七日
右者産物一種差上、一同御礼登山仕候事
一、正月初之甲子、三月廿日ゟ廿三日迄、、十二月十三日右一同登山仕候事
一、三月神事祭礼前、七月盆前、十月十二日前、大門通掃除之事

右一同登山仕候事、尤雪降候節、惣門迄道附候事
一、二月二日ゟ奉公人出代中、不残相極り候迄毎日弐人ッヽ順番登山相勤候事
一、山主様他所江御出之節者、被仰付次第人足罷出相勤可申事
一、毎月壱軒ニ付壱人ッヽ、役人足登山、御用相勤候事
一、七月十五日不動院、八月朔日大宮江一同相勤可申事
尤八朔前後両日大宮社地掃除之事
一、毎年家根葺替中、弐人ッヽ順番登山相勤候事
右者古来ゟ定之通急度相勤可申候、右之外不時ニ人足御用之節も被仰付次第一同相勤可申上候、以上
文化六己巳年三月
源　七㊞
（連名略）
薬王院様
御役僧中様

節句等の折には登山して産物を一種献上すること、正月初めの甲子、弘法大師御影供の執行に関わる三月二〇日から二三日までの登山、一二月一三日の登山、神事祭礼前や盆の前に参道を清掃すること、雪が降った時は惣門まで雪かきをすること、二月二日からの奉公人の交代時期には、二人ずつ登山してその不在を埋めること、山主が外出する際は必要に応じてお供をすること、七月一五日不動院、八月朔日は大宮（氷川神社）にて全員勤めること、八朔前後は大宮の掃除をすること、毎年、屋根吹き替え時には二人ずつ登山して勤めること、といった役務が記されている。二

条目に記された月日は何れも髙尾山で執行される行事の日取りと理解でき、三条目以降も、行事執行時の補助要員としての働きが求められているのが目を引く。彼らは寺務の遂行上、必要な要員として位置付けられていたことがわかる。

近隣の村々が担った役割

上椚田村の旧家石川家に伝わる日記には、薬王院が村人を振舞いに招いた記事が度々見受けられる。その意味するところは、開帳などの行事や普請・作事にあたって、必要な人手を村々から出してもらっていたことに対する要望と慰労ということのようである。実際、この日記には、髙尾山にて宮番を務めたことなどが記されており、享保一六年（一七三一）の居開帳にあたっては、当主が三日間務めて下山、四日務めて下山、さらに五日、と短期間に断続的に宮番を務めるために登山していたことがわかる。(27)

元来、髙尾山は麓の上椚田村三組（案内・川原宿・原宿）と上長房村をはじめとする周辺諸村の総鎮守的な性格があった。これは、近隣の複数の村々が共同で雨乞などの行事を執行していたことからもわかる。上椚田村では組ごとに鎮守を祀っていたが、三組が合同でおこなう行事は髙尾山で執行されていた。正月には年頭挨拶に訪れ、日照りや疫病流行の際には祈祷を依頼し、といった関係からは、単に世に知れた利益ある神仏の在る山ということではなく、自分たちを守護する存在として認識されていた様子がある。(28)

薬王院文書の中には、寛政一一年（一七九九）三月から文化三年（一八〇六）二月までの約七年間、上椚田村から延べ一二五八名が助人足として登山したという記録がある。(29)初年度こそ延べ三三名の登山だったが、翌年からは一一五名、一九二名、一四一名、一九九名、三二四名、二四八名と人数を増してゆく。年代的にはかなり遡る事例であるが、享保一四年の御本社飯縄権現堂建立に先立ち、村の主だった者が招かれ酒食の振舞いを受けており、これは単なる建立計画の披露ではなく、村々に労力の提供を依頼した趣旨とも考えられる。この「上椚田村助人足登山名前控」の末尾には、やはり「本社并末社等普請ニ付」という理由が記されているが、文化元年(一六〇四)と翌年、飯縄権現堂の拝殿・幣殿の再建修理があったことは棟札に記されている。現在のように、本殿を含めた三棟が連結された「権現造」の様式となったのがこの時のことで、拝殿軒下の木彫装飾も設置されたと指摘されている。(30)

それに先立つ寛政三年(一七九一)の湯島出開帳は、前年八月二〇日の大風雨によって本社・諸堂が大破したためその修復費用を工面することが理由とされている。また、寛政九年四月に本社・諸堂建立のため勧化がおこなわれたという記録もある。(31)先述の唐銅五重塔再建の時期がこの頃のことで、外向きには髙尾山信仰を周知すべくさまざまな策を講じるとともに、山内の再整備計画が進められていた。「助人足登山名前控」の残る時期はその最後の仕上げであったとも考えられるが、髙尾山上における諸堂宇の立地を考えると、崖崩れや倒木などにより、不断に修築が必要とされていたことも想像にかたくない。

このような不時の人手の入用に際し、近隣諸村の人々は頼りになる存在であったと思われる。では、なぜ人々はこのような助人足に出ていったのかというと、実は代償を受け取ったという認識はなく、やはり自分たちにとっての鎮守社であるという意識があったと考えることができる。この助人足のしばらくの後、薬王院と上椚田村との間で秣場《まぐさ》の領有をめぐる境界争論が発生する。薬王院は、本来、寺領にあたる秣場でそれまで村人による刈り取りを黙許していたのは助人足の代償であったと主張するが、村側はそれを肯んじていない。(32)

註

(1) 拙稿「第六章　寺院と神社」(『袖ヶ浦市史』袖ヶ浦市、二〇〇一)

(2) 法政大学多摩図書館地方資料室委員会編『髙尾山薬王院文書』一(法政大学、一九八九)一号文書。以下、本史料集は『髙

尾山薬王院文書』一のように省略して表示する。

(3)『髙尾山薬王院文書』一―六号文書

(4) 前掲(2)『髙尾山薬王院文書』一及び下山治久『八王子城主・北條氏照』(たましん地域文化財団、一九九四)も同じ見解を採っている。

(5) 西沢淳男「高尾山薬王院寺領成立過程と朱印状交付について」(村上直編『近世髙尾山史の研究』雄山閣出版、一九九八)

(6) 北島正元校訂『武蔵田園簿』(近藤出版社、一九七七)

(7) 前掲註(5)に同じ。

(8)『髙尾山薬王院文書』三―六二五~六二八号文書

(9)『髙尾山薬王院文書』三―六七七号文書

(10) 前掲註(1)に同じ。

(11)『髙尾山薬王院文書』三―六四五号文書

(12)『髙尾山薬王院文書』三―六四七号文書

(13)『髙尾山薬王院文書』三―五三七、五三九、五四〇号文書

(14) 前掲註(1)及び朴澤直秀「近世中期関東における宗教施設の運営」(同『幕藩権力と寺檀制度』吉川弘文館、二〇〇四)

(15) 寺院所持地の耕作を、むしろ、持高の多い上層農民が分担している事例がある。拙稿「第四編近世　第二章検地と年貢　第一節近世初期の検地」(『ふるさと資料天津小湊の歴史』天津小湊町、一九九八)参照。

(16)『髙尾山薬王院文書』三―五八九号文書

(17)『髙尾山薬王院文書』二―三八八号文書

(18)『髙尾山薬王院文書』三―六九六号文書

(19) 川村恵十郎については、川村文吾「川村恵十郎(正平伝)」(『多摩文化』二四、一九七四)、「旧幕臣川村正平(恵十郎)の生涯」(『大日光』六四、一九九二)、「甲州道中小仏関所番川村家―慶喜公に仕えた川村恵十郎―」(『幕末史研究』三三、一九九七)、藤田英昭「八王子出身の幕末志士　川村恵十郎についての一考察」(松尾正人編『近代日本の形成と地域社会』岩田書院、二〇

〇六）などに明らかになっている。
(20)『髙尾山薬王院文書』三―六九九号文書
(21)『髙尾山薬王院文書』三―七〇一号文書
(22)弘化二年「諸雑費附込帳」（『髙尾山薬王院文書』三―五六一号文書）
(23)前掲註（22）に同じ。
(24)『髙尾山薬王院文書』三―六四八号文書
(25)『髙尾山薬王院文書』三―六五六号文書
(26)『髙尾山薬王院文書』三―六七一号文書
(27)『石川日記』（一）～（六）（八王子市教育委員会、一九七七～一九八五）
(28)拙稿「地域社会と信仰の山―武蔵国多摩郡上椚田村と高尾山を事例として―」（村上直編『幕藩制社会の地域的展開』雄山閣出版、一九九六）を参照。
(29)『髙尾山薬王院文書』三―五九三号文書
(30)小町和義「高尾山の建築について」（『多摩文化第二四号　武州高尾山―その自然と歴史』多摩文化研究会、一九七四）
(31)八王子市郷土資料館編『石川日記』（八）（八王子市教育委員会、一九八六）寛政九年四月一九日条
(32)前掲註（28）に同じ。

第九章　近代への展望

一　神仏分離と髙尾山

髙尾山薬王院が仏教の寺院であることは言うまでもないが、本尊を祀る建物は現在「御本社」と呼ばれている。なぜ仏教寺院の境内に神社があるのか、しかも神社に祀られている神が本尊というのは一体どうしたことだろうか。江戸時代以前、髙尾山のような霊山に一般的であった神仏習合の名残である。当時、山内で最上位の本尊が権現号をもつ神で、別当としてその本地仏を祀る寺院があり、神職も付属し、摂社・末社や塔頭《たっちゅう》が所々に建立されているというような状況があった。

明治新政府の神仏分離令

江戸時代も終わりを迎える慶応四年（一八六八）。鳥羽伏見の戦いに勝利した明治新政府は、王政復古の名の下、神武天皇以来の祭政一致の制度を回復するため神祇官を再興し諸国の神職を統合する旨を宣言した。つづいて、翌年には「権現」や「牛頭天王」その他仏教上の用語を用いた神号を称えている神社はその歴史を詳しく記して提出すること、仏像を神体とする神社はそれを改め、本地などと唱えて仏像を社殿に安置したり、仏具の類を置いていれば早急に撤去するように、という指令を出す。これが一連の神仏分離政策の最初である。新政府は神道を国教とし、それを統べる天皇を国家体制の頂点に据えることにより人心の掌握を意図したが、そのためには神社に対する仏教の影響力を排除する必要があった(1)。

神仏の分離と簡単に言っても、これらの政策は各地に混乱を引き起こした。今日の常識からすると、神社と寺院は本来別個の宗教施設として明確だが、当時はまた異なった事情があった。それまで長きにわたり寺院と神社の区別は不分明な状態、すなわち「神仏習合」と言われる状況が当時の寺社世界に一般的なものだった。

古くは、奈良・平安の頃から寺院の敷地内に土地神として神社を祀ることがあり、やがて「本地垂迹説」という教説――すなわち、神の本来の姿（本地）は仏であり、神の姿は仏が仮の姿で出現（垂迹）しているものとする考え方が広まり、社殿に本地仏が祀られたり、寺院が神社を管理し、住職が別当（長官）を務めたり、社僧が神勤するという状況が生まれた(2)。我が国の民俗宗教の特質として、自然崇拝と祖霊信仰を基盤に、道教や仏教などの外来宗教が影響を及ぼすという、さまざまな要素が渾然一体となった状態が指摘されているが、特に山岳信仰においてそれは顕著であった。そうした考え方からすると、しかも多神教という側面を合わせると、聖地として崇められる地に神祠と仏堂がいくつも混淆して同居することは、決して不自然なことではなかったのである。

そうした状況から、神社のみを独立させようという試みが神仏分離であり、それはある意味で無謀なことであった。

廃仏毀釈の嵐

社殿から撤去された仏像・仏具が破却され、別当寺は離社となり、離社には建物の移転や破却をともなった。それまで社僧を勤めていた僧侶が還俗して神職となったため多くの寺院が住職を失い、神葬祭への変更が盛んになると檀家を失った寺院が廃寺となった。世に言う廃仏毀釈の嵐である。

神仏何れとも識別できない山王権現や蔵王権現、妙見大菩薩、牛頭天王、十二番神といった信仰対象は否定され、廃絶されないまでも、新たな神号による神社として存続するしかなかった。これらの神仏分離は、明治新政府の体制が整う以前、旧幕領・旗本領は各地に設置された政府の民政局が、藩領の体制はそのままに実施に移されたため、対処の方法が一律ではなく、急進的な排仏志向を持つ領主や役人の対応した地域では、極端な処置が発生した。

江戸時代の髙尾山は、自然崇拝と仏教の結びついた山岳信仰の霊場として神仏習合が顕著であった。『新編武蔵風土記稿』には、一山の本尊を飯縄大権現とし、薬王院は山内を統括する別当という立場になっている。薬王院は飯縄権現社の別当でもあり、薬師堂や大日堂はじめとする諸堂の別当でもあったという点にも留意する必要がある。薬王院本堂もまた諸堂社の内の一つであり、そこの住僧が統括者であったのである。薬王院は徳川将軍家から寺領朱印地七五石を安堵されており、将軍の代替わりにともなう朱印状の更新には幕府の触頭寺院が関与しているが、江戸時代前期に武蔵国村々の村高と領主を書き上げた正保郷帳には、上椚田村の項に「高七拾五石　高尾山飯綱社領」と記されている[3]。これは、朱印地七五石と別に社領があったわけではなく、そもそも寺領と社領が同じ意味で捉えられていたということになる。

各地の山岳信仰の霊場では、必然的に、社殿から仏像を撤去し、仏堂を破却したり移転させる動きが発生した。これは政府による民俗宗教への弾圧とも取れる暴挙だったが、そうした状況の中、髙尾山は、元来僧侶以外に神職が付属していたわけではなく、別当薬王院が支配の実体であり、むしろ寺院としての存続を選んだのだった。

寺院としての存続

薬王院文書の中には、末寺に対しその決意を周知させる議定の請書が残っている[4]。そこには、「今般　大政御一新ニ付、神仏習合廃止ニ付而者、境界聢与可相分　御趣意被　仰出、依之旧幕府ゟ社領別当之御朱印頂戴之寺院、復飾神勤致、各職業以可報　天恩儀勿論ニ候得共、桑中たり共不携釼鎗候は（ママ）而者、勤王難相成筋ニ心得候もの茂有之哉ニ相聞、以之外成義」という文言が見える。当時多くの神職が武装して新政府軍に合流するという状況があった(5)。しかし、「元来自宗之義　高祖大師一宗御取建以後千有余年之栄隆、然ル所方今仏法浮沈之時運与者乍申、高祖之遺戒於密家ニ而ハ護国利民之修法可相励職掌ニ候得者、　皇威御盛興・四海鎮静之祈念、凝肝胆可抽丹精儀、則勤　王ニ候間、此旨相守心得違有之間敷」と、仏教寺院として存続する決意を示し、それもまた勤皇の態度に通ずるとしている。「御趣意与称し猥ニ復飾出願仕間敷、後々争論出来候而者還而其　御筋江不相済可恐入事故、御本寺者不及申、隣寺・法類并旦家・村方氏子等江篤与熟談行届候上、出願取計可申筈、仮令復飾仕候共、滅罪檀家有之寺院其儘建置、復飾神勤之者者別宅住居仕候ハ勿論之事ニ御座候」「弟子或者相応之人体撰ひ、復飾神勤為致候上者寺院其儘ニ而仏法興隆　皇国泰平・五穀豊饒之旨、抽精誠修行可仕候」と、多くの末寺・門徒寺院が、やはり村の神社の別当・社僧を勤めていることを慮る部分もあり、現実的で冷静な対応を取っていたことがわかる。

ともあれ、分離の指令には従わねばならず、表参道をはじめ鳥居は撤去された。本尊飯縄大権現は、当初「飯縄善神」と呼んだが、それもまた不適当とされたのか、明治二一年（一八八八）の東京出開帳は「飯縄不動」の出開帳として実施されている。一方、二年後の居開帳においては飯縄大権現の称号が大塔婆に刻まれたという記録もあり、信仰の場では「大権現」の名が廃れることなく生き続けていた(6)。

一方、さすがに神祇官は近代国家の官制にそぐわず、神祇省に降格の後、明治五年（一八七二）には教部省に吸収されることになる。当初、政策を主導した国学者の影響力は低下し極端な神道国教化政策は影をひそめ、逆に政府は国民教化に仏教界の力も借りることになる。明治の末年にもなると晴れて飯縄大権現の称号も甦り、やがて、飯縄権現堂前の鳥居も再建されることになる。こうした経緯を経て髙尾山は、神仏習合の気配濃い希少な場として存続したが、明治維新に寺院としての道を選択したことは、髙尾山の宗教施設イコール薬王院有喜寺という図式を確固たるものにしたと言える。

二　近代の高尾山信仰

明治初期の高尾山信仰

つづいて、明治初年における高尾山信仰の動向を見てみたい。この時期は、明治新政府による神仏分離政策により、神仏習合状態にあった多くの寺社・霊山が混乱し、参詣行が停滞した時期と考えられている。特に社寺参詣の活性を担った御師職が宗教者としての身分を保証されなかった点は大きな痛手であったとも考えられる。逆に、そうした御師の発生がなく、いち早く真言宗寺院としての存続を決め、大きな混乱のなかったと思われる高尾山においてはどうだったのだろうか。

明治初年における高尾山信仰に関する史料としては、明治三年（一八七〇）七月吉日付の「高尾山護摩講連名」という帳簿がある。[7] これは、横浜元町や野毛町など現在の横浜市中心部の商家を大半とする六一軒余の講中帳である。先達成田安兵衛・勘太郎が署名し、講元は横浜元町の石川徳右衛門とある。表紙の日付には「講発」と記されており、この時、講が結成されたとも読める。気になるのは表紙に記された「講元　御嶽山三笠講同行世話人」という記載である。これは、御嶽山三笠講が実体をほぼ同じくしながら高尾山護摩講を名乗っているとも考えられる。実際に、東京都大田区の馬込高尾講の事例では、木曽御嶽講（三笠山元講）との関わりが指摘され、[8] 他にもほぼ同じメンバーが高尾講のみではなく伊勢講や江ノ島百味講に参加するという事例もあり、[9] 当時の重層的な信仰活動の一端が垣間見られる。また、武蔵御嶽山の神官が刊行した『御嶽菅笠』にも高尾・大山・富士など各地の寺社・霊山への里程が記されている。[10]

他に、この頃の講中帳としては明治五年（一八七二）付の埼玉郡荒木村（現埼玉県行田市）のものが一冊残る。[11] 薬王院文書の中には年不詳のものも含めて、こうした地縁的な講による連名帳が数冊残るが、何れも意図的に集積されて残ったものとも考えられず、本来、村方に残るべきものが、記念の奉納か何かのきっかけで薬王院に伝わったものと思われる。ただし、時期としては何れも幕末近くである。神仏分離の騒動下においても、いち早くその進退を明確にした髙尾山は、維新後しばらくは大きな変化もなく参詣活動が継続されたと見ることもできよう。

西南戦争も終結し、明治新政府の体制も整ってきた明治一〇年代の記録としては、明治一四年（一八八一）の荏原郡大森八幡の先達・講元から出された代参護摩札願がある。[12] 髙尾講の先達と言えば、嘉永四年（一八五一）にも同郡馬込村に確認されている。[13] 髙尾山にはいわゆる御師の発達が確認できないが、講中を参詣に引率する在村の先達が存在しており、こうした事例が検出できる。

翌、明治一五年四月二一日、薬王院は神奈川県宛に「真言宗教会分社設置之儀ニ付伺」という文書を提出しており、同年五月に聞届。六月三〇日には内務省から聞届となっている。[14] 同書の中には、すでに講社の結成については、「明治七年旧教部省乙第三八号御達書ニ準シ内務省エ出願」したとあり、明治八年一二月一九日に旧教部省から認可を受け、真言宗教会規約に依準して「真言教会分社高尾講」と公称したと述べられている。教部省は明治五年三月に神祇省から社寺行政を移管され、同一〇年一月に廃止、内務省社寺局が管轄を引き継いでいる。

文書の中では、「毎年三月廿一日講式修行、月次二日巳上《ママ》定日ヲ期シ本社ニ集会シ、教義信聴セシムヘキ事」「従来結社ノ諸講ハ総テ高尾講何小社ト称シ本社ノ規約ヲ遵守スヘキ事」「鑑札ハ社長ヨリ申出本社ヨリ渡スモノトス」として、講活動や本社である薬王院が各高尾講社を統括する旨が述べられている。さらに、本社に事務長兼講師一名、その下に「一年一度小社ヲ巡回シ専ラ人民ヲ教導スルヲ掌ル」講師、出納掛、世話掛が置かれ、各講社には社長、副長、講師、出納掛、世話掛が置かれ、講師は「本職巳上《ママ》或ハ講社ニ功労アル者ヲ以テ之ニ充ツ、専ラ社中ヲ勧誘スルヲ掌ル　但社長等兼スルモ妨ケナシ」というように、その組織について規定している。この政府公認による高尾講社の設置によって、在来の髙尾講がどのように再編されたかは詳らかではない。これについては、髙尾山薬王院以外の寺社の事例も含めて今後の課題となる。

信仰活動の低調

しかし、この時期の髙尾講は決して好調ではなかったようである。薬王院は、明治二一年（一八八八）に東京出開帳を実施しているが、その際、作成された「東京出開帳日記」には、東京の信徒は「維新後時勢ト共ニ放任シ、講中ハ年一年ニ、信徒ハ日々月々減少シ、殆ド衰微ノ極」となり、「近来高尾山主出京シ、頻リニ新講中ヲ組織セシト東西ニ奔走アルモ捗々敷其効ナキヨシ」「旧事ハ該山モ随分当東京ヨリ参拝人もアリシガ、近来ハ高尾山ヲ知ル人サヘ十中ノ九ナシ」というあり様が述べられている。また、三井越後屋呉服店は江戸期においては有力な檀家であったが、これについても「何分維新后廿年来疎遠ニスレハ信仰も自然ト薄ク相成」と記されている[15]。明治八年・一五年の高尾講社認可はあったが、積極的な活動がおこなわれていたかは疑問符がつく。近世以前、江戸にはいくつもの髙尾山信仰の講中があったが、やはり明治維新を契機に積極的な布教活動が滞り、その結果、髙尾山信仰が低調になったということだろうが、維新からわずか二〇年というタイムスパンが髙尾山信仰を低調にしたことになる。実際、この頃の薬王院は寺領収公によって経済的に大きなダメージを受けていたと考えられるし、また、多摩と東京との距離感という点でも、今日とは相違があったことだろう。明治維新が寺社に与えた影響としては、神仏分離などが取り上げられているが、それによって庶民参詣がどのような影響を受けたか。ひとり髙尾山の問題のみではなく、全般的な動向として今後の研究が待たれる。

この「東京出開帳日記」の筆者は第二四世山主百済範真（佐伯隆範）であるが、そもそもこの事業自体は、着任直後の山主が髙尾山再興の一手段として着手したものであった。過ぐる明治一九年九月の台風による裏山の崩落によって損壊した本堂を再建するため勧進が始まったのが翌年。これもまた、東京出開帳実施の要因となっていた。維新後初の出開帳は、成田山新勝寺や川崎大師平間寺とその講中とも綿密な連係の上、計画、挙行されている。本尊の髙尾山出立にあたっては、地元関係者が行列に加わり、山麓通過の際には「小名路（現八王子市西浅川町）ヨリハ凡千人余ノ人トナル」という盛況を呈し、「八王子町ニ至レハ立錐地ナキニ至ル」状況であった。開帳場である深川不動堂へ到着した四月二五日には、「其盛事ナルコトハ到底筆紙ニ尽シ難キ古今未曾有ノ出迎ナリ、評曰神田山王ノ両大祭合併ヨリも、尚甚大ナリ」という状況となった。明治二一年四月二八日、「本日ヨリ日参スルモノ弐千五百人申込」と好調の内に始まった東京出開帳は、六月八日まで実施され、成田不動・川崎大師の関連諸講中の協力があったにしろ、久方ぶりに髙尾山の名が東京市民に周知されることになった。

明治中期の髙尾山信仰

この出開帳の帰途、八王子の講中との間に、翌年には髙尾山内での居開帳を実施することが約束された[16]。この居開帳は、結局、甲武鉄道の敷設を待って、翌々二三年の実施となった。甲武鉄道は、二二年四月一一日に新宿―立川間が開通。八月一一日には立川―八王子間に延伸し、新宿―八王子間を一時間一四～一七分で結ぶようになった[17]。それ以前の一泊旅程は大幅に短縮されたが、開業当時の運賃は相当高価なものであった。

居開帳は三月二一日から五月十日まで実施されたが、それに先立ち、案内の立札が東京と地元八王子以外に横浜、高崎、川越、熊谷、本庄、深谷、所沢に建てられた。この広がりは、近世後期における護摩札配札圏にほぼ一致し、やはり関東平野を基盤に以後の髙尾山信仰圏が継承されてゆくことを示唆している。実際に、群馬県佐位郡（現群馬県伊勢崎市の一部、赤堀町、東村、境町）下植木講、埼玉県上岩瀬村（現羽生市）弥摩講、大師河原吉永講、横浜相栄講をはじめ、関東各地および東京の講中が来山している。これらの諸講はこの居開帳を契機に新たに結成されたとも考えにくく、また、そうであったとしてもその下地となるような過去の活動があったものと推測されよう。

一方、地元関係では八王子有喜講の一四七名。これは、百済範真山主のはたらきかけで、明治二〇年に本堂再建の勧進のため、地元名士が世話人となって一〇〇〇人の講員によって組織されたものである。また、浅川植木講六四名の参詣も確認できるが、この講は、前年の氷川神社前から不動院前への新道開削時の争論が転じて路傍に桜や梅などを植えるようになった地元民によるもので、やはり百済範真山主の尽力によるものであろう。これらのことは、高尾山最寄りにおいても一時の低調と、この時期の信徒集団の再編成を意味している。また、この時も成田・川崎二山の講中や富士講中にも参詣依頼が出されるなどその連係が意識された。

明治三一年（一八九八）「諸講社講元世話人名簿」は、当時の高尾講社の全容を知る上での好史料である。[18]この帳簿は、東京市を中心とする各地の世話人氏名の連名簿で、深川明鏡講、開運講、地蔵講、積善講はいずれも東京市内の各区にまたがる講社、府内では世田谷法明講、大森明心講、川崎・横浜、北には埼玉県入間郡太田町（大田町・現川越市）の開運講、児玉郡本庄村（現本庄市）の睦講、千葉県では香取郡扇島村（現香取市）の金剛講、群馬県は新田郡尾島村（現尾島町）の尾島講などの講社名が見られる。東京出開帳、居開帳以降、この時期にかけての講中の活性化が、帳簿作成の背景にあるだろう。

旧甲州道中上長房村駒木野宿の峯尾茶屋には、明治三三年からの宿泊者の記録が残る。その数は、増減はあるものの、明治三四年以来おおむね年を経るごとに増加傾向にある。[19]明治三四年（一九〇一）と言えば、新たに大本堂（現存）が竣工した年である。同一九年の崩壊以来、勧進、東京出開帳などを経て、一五年目にようやくその宿願が達成された年であった。翌年からは山内八十八箇所建設の勧進が始まり、[20]明治四二年（一九〇九）には飯縄権現堂前の石段脇に現存する三十六童子銅像が建立されるなど、[21]明治時代の終りにかけて山内整備が飛躍的に進むことになった。

これらの積極的な山内整備の動向に先の「諸講社講元世話人名簿」の成立を合わせて考えると、明治中期には維新後の低調から立ち直り、江戸期以来の信仰活動の活性を取り戻したと評価できるが、鉄道付設以降における高尾山信仰の展開は、江戸期以前の徒歩の旅の時代とはまた評価を違えるものとなろう。近世から近代へという時代の変容の中で、当然、社寺参詣という営為の実情も様変わりし、また、髙尾山信仰も大きな変質を迎えるだろうことを考えると、当該期以降の髙尾山の歴史と信仰のあり方は、あらためて取り組む必要のある大きな課題と言える。

註

(1) 神仏分離については、圭室文雄『神仏分離』(教育社歴史新書、一九七七)、安丸良夫『神々の明治維新』(岩波新書、一九七九)を参照。
(2) 逵日出典『神仏習合』(臨川書店、一九八六)
(3) 北島正元校訂『武蔵田園簿』(近藤出版社、一九七七)
(4) 法政大学多摩図書館地方資料室委員会編『髙尾山薬王院文書』二(法政大学、一九九一)四六五号文書。以下、本史料集は『髙尾山薬王院文書』二のように省略して表示する。
(5) 小野将「幕末期の在地神職集団と「草莽隊」運動」(久留島浩・吉田伸之編『近世の社会集団 由緒と言説』山川出版社、一九九五)
(6) 『髙尾山薬王院文書』二―五二七号文書
(7) 『髙尾山薬王院文書』二―五二五号文書
(8) 平野榮次「馬込の高尾講のこと(2)」(『史誌』二四、一九八六)
(9) 拙稿「江戸周辺地域における霊山信仰の護摩札配札圏の形成」(関東近世史研究会編『近世の地域編成と国家』岩田書院、一九九七)
(10) 天保五年『武蔵国多磨郡御嶽山道中記御嶽菅笠』(齋藤義彦作・御嶽山神官靭矢市正蔵板)
(11) 『高尾山薬王院文書目録』(法政大学多摩図書館地方資料室、一九八七)所収 9．信仰―二七

(12) 明治一四年「代参護摩札願につき書状」（『高尾山薬王院文書』二―五二六号文書）

(13) 前掲註（8）に同じ。

(14) 「高尾山薬王院古文書目録」五檀信徒①講社―二（『高尾山薬王院文化財調査報告』東京都教育委員会、二〇〇三）

(15) 佐脇貞憲編『黙堂範真大和上雑纂』（海住山寺、二〇〇四）所収。

(16) この居開帳については「飯縄不動尊開帳日記」（『高尾山薬王院文書』二―五二七号文書）が、やはり、百済範真によって記されている。

(17) 『日野市史』通史編三近代（一）（日野市、一九八七）

(18) 「高尾山薬王院古文書目録」五檀信徒①講社―六（『高尾山薬王院文化財調査報告』東京都教育委員会、二〇〇三）

(19) 八王子市郷土資料館編『武州高尾山をめぐる庶民の信仰』（八王子市教育委員会、二〇〇三）

(20) 「高尾山薬王院古文書目録」五檀信徒④檀信徒一般―八（『高尾山薬王院文化財調査報告』東京都教育委員会、二〇〇三）

(21) 「高尾山薬王院古文書目録」五檀信徒④檀信徒一般―一三（『高尾山薬王院文化財調査報告』東京都教育委員会、二〇〇三）

参考文献

高尾山史に関する著書

逸見敏刀『高尾山誌』（上田泰文堂、一九二七）
多摩文化研究会「武州高尾山―その自然と歴史―」（『多摩文化』第二四号、一九七四）
村上直編『近世高尾山史の研究』（名著出版、一九九八）
八王子市郷土資料館編『武州高尾山をめぐる庶民の信仰』（八王子市教育委員会、二〇〇三）
村上直編著『高尾山薬王院文書を紐とく』（ふこく出版、二〇〇五）

高尾山史に関する史料目録・史料集

村上直・北原進『武州高尾山史料集』（高尾山薬王院、一九七八）
法政大学多摩図書館地方資料室委員会『高尾山薬王院文書目録』（法政大学多摩図書館地方資料室、一九八七）
法政大学多摩図書館地方資料室委員会『高尾山薬王院文書』一～三巻（法政大学、一九八九・九一・九二）
東京都教育委員会『高尾山薬王院所蔵文化財総合調査報告』（二〇〇三）
佐脇貞憲編『黙堂範真大和上雑纂』（海住山寺、二〇〇四）
八王子市郷土資料館編『案内図にみる多摩陵・高尾と八王子』（八王子市教育委員会、二〇〇六）
縣敏夫『高尾山の記念碑・石仏』（高尾山薬王院、二〇〇七）

本文に引用した以外の高尾山史関連論文等

村上直「高尾山史料集からみた薬王院有喜寺の歴史」（『高尾山』大本山高尾山薬王院、一九七八）
村上直「近世初頭における八王子周辺と薬王院」（『武州高尾山史料集』高尾山薬王院、一九七八）

北原進「高尾山薬王院所蔵『松橋諸大事』奥書集」（『武州高尾山史料集』高尾山薬王院、一九七八）
山本秀順「高尾山の山岳信仰」（宮田登・宮本袈裟雄編『山岳宗教史研究叢書8日光と関東の修験道』名著出版、一九七九）
山本秀順「高尾山の山岳信仰」（『高尾山小史』大本山高尾山薬王院、一九八〇）
村上直「高尾山史（高尾山薬王院文書を中心に）」（『高尾山小史』大本山高尾山薬王院、一九八〇）
吉岡孝「近世村落における鎮守社の地所と神事―武州多摩郡上椚田村を事例として―」（『法政史論』一五、一九八八）
馬場憲一「享保期の高尾山薬王院」（『東京の文化財』五八、一九九三）
乾賢太郎「高尾山講の展開―『講中経歴帳』の分析をとおして」（『山岳修験』三三、二〇〇四）
神かほり・美甘由紀子「高尾山講のマネキについて」（『民具マンスリー』三六―一〇、二〇〇四）
村上直「近世多摩の地域社会と寺院―高尾山薬王院文書を中心に―」（『智山学報』五七、二〇〇八）

社寺参詣・山岳信仰に関する基本文献

神崎照英編『新修成田山史』（大本堂建立記念開帳奉修事務局、一九六八）
村上重良『成田不動の歴史』（東通社出版部、一九六八）
齋藤典男『武州御嶽山史の研究』（隣人社、一九七五）
五来重監修『山岳宗教史研究叢書』（全一八巻　名著出版、一九七五～八四）
岡倉捷郎『鹿野山と山岳信仰』（崙書房、一九七九）
旭寿山『成田不動霊験記―市川団十郎と名優たち―』（大本山成田山新勝寺、一九八一）
新城常三『新稿社寺参詣の社会経済史的研究』（塙書房、一九八二）
岩科小一郎『富士講の歴史―江戸庶民の山岳信仰―』（名著出版、一九八三）
西海賢二『武州御嶽山信仰史の研究』（名著出版、一九八三）
西垣晴次『お伊勢まいり』（岩波新書、一九八三）
平野榮次編『民衆宗教史叢書一六　富士浅間信仰』（雄山閣出版、一九八七）

岩鼻通明『出羽三山信仰の歴史地理学的研究』（名著出版、一九九二）
圭室文雄編『民衆宗教史叢書二二　大山信仰』（雄山閣出版、一九九二）
宮田登『山と里の信仰史』（吉川弘文館、一九九三）
広渡正利『英彦山信仰史の研究』（文献出版、一九九四）
岩鼻通明『出羽三山の文化と民俗』（岩田書院、一九九六）
西海賢二『石鎚山と瀬戸内の宗教文化』（岩田書院、一九九七）
西海賢二『石鎚山と修験道』（岩田書院、一九九七）
地方史研究協議会編『都市・近郊の信仰と遊山・観光―交流と変容―』（雄山閣出版、一九九九）
池上真由美『江戸庶民の信仰と行楽』（同成社、二〇〇二）
菅原壽清『木曽御嶽信仰』（岩田書院、二〇〇二）
青柳周一『富嶽旅百景―観光地域史の試み』（角川書店、二〇〇二）
岩鼻通明『出羽三山信仰の圏構造』（岩田書院、二〇〇三）
平野榮次『富士信仰と富士講』（岩田書院、二〇〇四）
天野紀代子・澤登寛聡編『富士山と日本人の心性』（岩田書院、二〇〇七）
原淳一郎『近世寺社参詣の研究』（思文閣出版、二〇〇七）
西海賢二『武州御嶽山信仰』（岩田書院、二〇〇八）
西海賢二『富士・大山信仰』（岩田書院、二〇〇八）
原淳一郎・中山和久・筒井裕・西海賢二『寺社参詣と庶民文化』（岩田書院、二〇〇九）
西村敏也『武州三峰山の歴史民俗学的研究』（岩田書院、二〇〇九）
西海賢二『東日本の山岳信仰と講集団』（岩田書院、二〇一一）

おわりに

序文にも触れた通り、本書は武州髙尾山信仰の歴史について、寺社側の視点から総合的な提示を目論んだものである。これは、論証の素材として髙尾山薬王院文書に依拠するところが大きいという事情による。薬王院文書は、私の恩師村上直先生（現法政大学名誉教授・元法政大学文学部史学科教授）を団長とする調査団によって一九八六年から八七年にかけておこなわれた調査時に、近世文書を中心とする二五七三点が整理・確認され、さらに、一九九八年～二〇〇三年の東京都教育委員会による調査によって、新たに近代文書を中心とする一七六六点が確認されている。本書に収録された諸研究は前者を素材とするものがほとんどとなる。

薬王院文書においては、戦国期以前の史料も散逸の危機である数次の火災を経て残存しており、また、将軍の代替儀礼に関わるものは揃って残るなど、一部、意図して保存が図られたと推測できるものもあるが、残念ながら特に布教関係、また、経営関係の史料は系統立って残存してはいない。日次記的な記録がほとんど皆無であるという点は、通史的な叙述を困難にしている。そうした中、文化六年（一八〇九）の「江戸田舎日護摩講中元帳」は、護摩檀家名が記されるばかりではなく、檀家間の取次というシステムを内包していること、また、配札先全般を網羅しているという点で非常に重要な意味を持った。また、享保元年（一七一六）からしばらくの間書き継がれた備忘録的な存在である「年々諸用記」は、日次記不在の中にあって、断片的ながら髙尾山信仰の実態について様々な示唆を与えるものであった。一九世紀に入ると残り始める地誌や紀行文の記載と対照することにより、近世中後期の髙尾山信仰の実態が浮かび上がる。また、記載は断片的ながら髙尾山最寄りの上椚田村上層農の日記「石川日記」もまた、享保五年以降、特に一八世紀全般にわたる髙尾山の動向を補完する史料となった。こうした基礎史料を骨組みに、薬王院に残されたリアルタイムの文書類を加えて、髙尾山史像の肉付けをおこなうことになった。

さて、本書の問題関心は宗教活動にあるわけだが、今日、我々が「宗教」として認識しているモデルは、キリスト教を代表とする特定の教祖、教義、組織を有する「創唱宗教」と分類されるものである。いわゆる教派神道などの新興宗教の問題は別にして、前近代の我が国における「信仰活動」というものは、研究を進める内にもっと何気ない日常の中で自然な形で受容されていたのではないかという発想が出てきた。そこには求道的生活や宗教的な葛藤などとはおおよそ無縁な、何げない――しかし、現実社会をシリアスに反映した――受容があったのではないか。一方、我が国在来の宗教を「創唱宗教」と区別して「自然宗教」と捉える向きもある。自然現象への畏敬をはじめとする抽象的な心象として理解されるが、当時の宗教を「自然」というイメージそのままに、人々の心に自然発生的な、人為の不介在によるものと理解するのも果たして適切であろうか。そこにはあきらかに人為的な誘導――経済原理を動機とするようなものも含めて――の問題も介在してくるはずである。こうした発想があったのは、寺社史料に取り組みつつも、宗教史の専門学会よりは地域史研究を主体とする学会をベースに活動してきたという事情に因るものと思う。筆者が宗教史研究にあたって心がけたことは、宗教活動を実社会・実生活から切り離れた特殊なものとせず、実社会・実生活を構成する要素として位置付けたいという考えがあった。

その一方、宗教学、民俗学、仏教史といった、これまで寺社信仰の問題に取り組んできた分野における成果を充分に汲み取れていない憾みはある。髙尾山信仰の歴史を解明する上で、本書にあるスタンスはまだ道半ばであることは認識している。本来、信仰の主体となった人々に関する史料は、寺社の側ではなく彼らの居住地の側に残るべきものであるからである。薬王院文書からでは解明できない部分について丹念な史料の発掘をすること――今後の課題は明らかである。そして、社寺参詣研究に対する本書の貢献という点では、髙尾山信仰が江戸期においては決してメジャーな存在ではなかったといった点で、伊勢、富士、出羽三山、成田不動、相模大山、武州御嶽といった先行研究とどれだけ比較研究に耐えうるかといった課題はある。先述の宗教と地域や人々との関りという点で一定の成果は上がったと思うが、社寺参詣研究の中で、髙尾山史をいかに比較検討の題材として生かしてゆくか今後の課題としたい。

最後となるが、本書を上梓する前提となった薬王院文書研究の進捗を振り返りつつ、その間、お世話になった方々に対する謝辞を申し述べたい。

私が法政大学大学院の修士課程に入学し、髙尾山史研究に取り組み始めたのは、ちょうど整理を終えた薬王院文書の史料集が刊行され始めた頃であった。法政大学多摩図書館に寄託された史料を閲覧するとともに、史料集第三巻の編集のお手伝いをすることにもなった。一九九二年三月の第三巻刊行によって完結した史料集には七一四点の史料が収録された。その新年度から村上ゼミナールでは史料集を活用して共同研究をすることになり、九二年・九三年度は演習としてゼミ員各自が報告をおこなった。そうした意味では、髙尾山史に取り組む絶好の研究環境の中で修士論文をまとめさせていただいたことになる。この間、諸先輩方にはさまざまにお世話になったが、中でも、最初に多摩図書館に薬王院文書を見に連れて行っていただいたのが吉岡孝さんであった。また、岩橋清美さんから頂いた研究視角に関するご示唆は、最終的に本書の構想につながっていると言ってよい。

史料整理、活字化、共同研究とステップを踏んだ薬王院文書研究は、村上先生の発案で論文集を刊行することになった。吉岡さんと私とで編集のお手伝いをし、刊行されたのが『近世髙尾山史の研究』（名著出版、一九九八）である。続いて、研究書が出たからには、薬王院にも恩返しをしなければいけないし、信徒の皆さんや一般の方々にも研究の成果還元をしようということで、薬王院の広報紙『髙尾山報』紙上に「髙尾山薬王院文書を紐とく」という史料紹介記事の連載が始まった。村上先生、吉岡・岩橋両先輩と私とで分担して執筆にあたったが、六〇回にわたった連載は、最終的に『髙尾山薬王院文書を紐とく』（ふこく出版、二〇〇五）にまとめられた。史料整理の開始から二〇年弱。この間の歴史史料が調査研究を経て成果が社会に還元されるプロセスをリードした村上先生の牽引力はさすがと言うよりない。史料を一点ごとに解説する最初の連載に区切りを付けた後、今度は歴史叙述として組み立てた連載記事「髙尾山歴史探訪」が後を引き継ぐことになった。この連載はこの年末で一〇一回を数えることになるが、連載の中盤からは髙尾山史を研究上の主要な取り組みとする私が執筆をほぼ引き受けることになっていった。この連載の執筆は私が髙尾山史研究を続けてゆく原動力であり続けた。こうして一冊の著書をまとめるだけの材料を揃えることができたのも、この連載があったからであり、それを母体に従来の論文の内容も加味して研究書として原稿をまとめ直したのが本書である。「紐とく」から数えて一三年半にもなる記事連載であるが、これもひとえに髙尾山薬王院の大山隆玄貫首のご高配の賜物であり、髙尾山報編集室の渋谷秀芳氏には、その間、一言では語り尽くせないさまざまなお世話をいただいた。『髙尾山報』紙上にスペースを頂くことなくして、本書をまとめ得ることはなかったと言っても過言ではない。

　そして、本書を世に出すにあたりさまざまなご配慮を下さったのは、学生の頃から教え導いていただいている大先輩山本光正さんである。原稿をまとめるまでに頂いた暖かいご指導と叱咤激励に対し心から感謝の気持ちをお伝えしたい。今日まで至ったのも、大学院修了後も引き続き研究会や各種調査活動にお誘いくださった山本さんと、研究会・調査会のメンバーとのおつき合いがあったからこそと言える。また、株式会社同成社の山脇洋亮氏には今回の出版を快くお引き受けいただき、要所で的確なご指導・ご助言をいただいた。末筆ながら本書が多くの方々のご指導・ご助力の下、上梓に至ったことに対し、あらためて感謝の言葉を申し上げる次第である。

二〇一一年九月

外山　徹

武州《ぶしゅう》髙尾山《たかおざん》の歴史《れきし》と信仰《しんこう》

■著者略歴■

外山　徹（とやま　とおる）

1967年　愛知県名古屋市生まれ

1993年　法政大学大学院修士課程修了

現　職　明治大学博物館学芸員

＜主要論文＞

「地域社会と信仰の山—武蔵国多摩郡上椚田村と高尾山を事例として—」（村上直編『幕藩制社会の地域的展開』雄山閣出版、1996年）、「江戸周辺地域における霊山信仰の護摩札配札圏の形成」（関東近世史研究会編『近世の地域編成と国家』岩田書院、1997年）、「髙尾山信仰の展開と多摩地域—近世から近代への展望—」（馬場憲一編著『歴史的環境の形成と地域づくり』名著出版、2005年）など。

2011年11月20日発行

著　者　外　山　　徹

発行者　山　脇　洋　亮

組　版　㈱富士デザイン

印　刷　モリモト印刷㈱

製　本　協栄製本㈱

発行所　東京都千代田区飯田橋4-4-8
（〒102-0072）東京中央ビル
TEL　03-3239-1467　振替　00140-0-20618

㈱同成社

ISBN978-4-88621-582-6　C3021